Kärnten

Christoph Wagner und Renate Wagner-Wittula

Der Mühlensteinweg bei Radenthein – einer der zahlreichen Wanderwege Kärnte

INHALT

Willkommen in Kärnten

Eine Region stellt sich vor	4
Anreise und Ankunft	12
Kärnten mit und ohne Auto	14
Hotels und andere Unterkünfte	16

Kärnten erleben

Essen und Trinken (mit Eßdolmetscher)	18
Einkaufen	24
Mit Kindern unterwegs	27
Sport und Strände	29
Feste und Festspiele	34

Sehenswerte Orte und Ausflugsziele

Klagenfurt	38
Spittal an der Drau	57
St. Veit an der Glan	70
Villach	82
Völkermarkt	94

Routen und Touren

Mit dem Auto: Tagesausflug zur Großglockner Hochalpenstraße	105
Mit dem Auto und zu Fuß: Tagesausflug zur Malta-Hochalmstraße	108
Mit dem Auto und zu Fuß: Tagesausflug zum Kärntner Fjord	109
Mit dem Fahrrad: Drauradweg	112

Wichtige Informationen

Kärnten von A bis Z	116
Geschichte auf einen Blick	122
Orts- und Sachregister	124

Karten und Pläne
Kärnten: Klappe vorne; **Klagenfurt:** Klappe hinten; **Spittal an der Drau:** Umschlag Rückseite; **St. Veit an der Glan:** S. 74; **Villach:** S. 84

EINE REGION STELLT SICH VOR

WILLKOMMEN IN KÄRNTEN

n Kärnten zeigt sich Österreich von der Sonnenseite. Kein anderes Bundesland weist so viele Sonnentage auf, und das keineswegs nur in meteorologischer Hinsicht...

Angenommen, Sie würden von einem amerikanischen Touristen gefragt, wo er Europa am besten kennenlernen könne, so würden Sie ihn wohl zunächst auf bekannte Städte wie Florenz, Paris oder Rom hinweisen. Bei längerem Nachdenken jedoch kommt einem schon bald Kärnten in den Sinn. Denn nirgendwo sonst findet man eine Schnittstelle zwischen dem Norden und Süden, dem Osten und Westen Europas, die Kärnten, dem Karawankenland, auch nur annähernd vergleichbar wäre.

Kärnten – Schmelztiegel Europas

Zu viele Kulturen haben dieses Land in den letzten Jahrtausenden geprägt, als daß daraus ein »eindimensionaler« Nationalcharakter hätte entstehen können. Römer, Kelten und Slawen, Italiener und germanische Stämme haben hier im Laufe der Geschichte so viele Spuren hinterlassen und kulturelle Traditionen entstehen lassen, daß daraus allmählich ein schillerndes Vielvölkerpuzzle wurde, das bis heute

Malerische Kulisse: der Wörther See vor den Kalkfelsen der Karawanken

EINE REGION STELLT SICH VOR

ichts von seiner Mannigfaltigkeit verloren hat.

Das Kärnten von heute spiegelt diese Geschichte wider, sei es in der Volkskunst, in der Literatur oder in der Nationalküche. Das Spannungsfeld zwischen Alpen und Adria, zwischen nördlicher Sachlichkeit und südlicher Lebensfreude führt im Alltag gewiß zu Reibungen, läßt aber auch einen fruchtbaren Nährboden entstehen.

Versucht man, einen gemeinsamen Nenner für all die Unterschiede und all das Unwägbare zu finden, das Kärntens Geschichte bestimmt hat, so ist dies die Landschaft. Von ihr handeln all die Volkslieder (die auf slowenisch den deutschen gar nicht so unähnlich klingen). In ihr sind die Mythen und Sagen angesiedelt, von denen es hier offenbar mehr als andernorts gibt. Jahrhunderte, ja vielleicht Jahrtausende alte Bräuche wie der berühmte Vierergelauf scheinen hier nachhaltiger als anderswo am Leben geblieben zu sein.

Ein Land voller Gegensätze

Der Urlauber, der Kärnten kennenlernen möchte, muß sich aufgrund der vielen gegensätzlichen Gesichter dieser Landschaft darauf einstellen, mit zahlreichen Widersprüchen konfrontiert zu werden. Er wird abgeschiedene Gegenden wie das Metnitztal vorfinden, aber auch bunte und gutbesuchte Treffpunkte des internationalen Jet-set in Krumpendorf oder Velden am Wörther

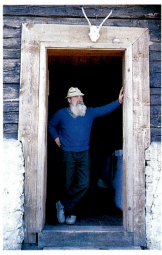

Bauer auf der Alm
in den Karnischen Alpen

See. Er wird in romantischen Kleinstädten wie Gmünd oder Friesach glauben, hier sei die Zeit stehengeblieben, und andererseits mit Klagenfurt oder Villach moderne Städte vorfinden, die Kärnten als ein Land ausweisen, das keineswegs nur vom Fremdenverkehr lebt, sondern sich auch in wirtschaftlicher Hinsicht als innovatives österreichisches Bundesland profilieren konnte.

Und dann gibt es noch jene Gebiete, vor allem in Unterkärnten, in denen sich die Füchse gute Nacht sagen. Ob in Zellpfarre, rund um Eisenkappel oder in der Gegend um den Hemmaberg – hierher verirren sich kaum Reisende, hier hat das 20. Jahrhundert noch kaum Eingang gefunden. In diesen urwüchsigen Regionen präsentiert sich Kärnten

EINE REGION STELLT SICH VOR

WILLKOMMEN IN KÄRNTEN

Zwischen bewaldeten
Bergflanken durch das Lesachtal
verläuft eine der schönsten
Straßen Kärntens

Eine Region stellt sich vor

WILLKOMMEN IN KÄRNTEN

pur: offen, gastfreundlich und vom modernen Fremdenverkehrsbusiness in keiner Weise verdorben.

Raubbau der Natur?

Gewiß: Die Anpassung an die stetig steigenden Bedürfnisse vor allem der ausländischen Gäste hat Kärnten nicht nur zahlreiche Hotels und Gasthäuser mit modernen Komfortzimmern beschert, sondern auch zu einem Raubbau an der Natur geführt. Es hieße, die Augen vor der Wahrheit zu verschließen, würde man jene zahlreichen verlorenen Wälder ignorieren, die häßlichen Schottertrassen für winterliche Pisten weichen mußten. Und so mancher Apartmentbunker mindert die Freude an der Kärntner Seenidylle.

Andererseits haben viele Kärntner Fremdenverkehrsmanager die Gefahren rechtzeitig erkannt und ihnen in letzter Sekunde durch ausladende Naturschutzgebiete und Parks Einhalt geboten. Denn der Kärntner ist gewiß ein erdverbundener, aber auch ein aufgeschlossener Mensch, der die Zeichen der Zeit erkennt. Zu viele Kaufleute und fahrende Völkerschaften sind in vergangenen Jahrhunderten durchs Land gezogen, als daß dies nicht eine gewisse Weltoffenheit zur Folge gehabt hätte. Und das ist wohl auch der Grund, warum der Kärntner – allen auftretenden Schwierigkeiten zum Trotz – es bis heute geschafft hat, sein Land für Einheimische wie für Touristen zu einem der attraktivsten Fleckchen Erde in ganz Europa zu machen.

Ferienparadies im Sommer...

Die Frage, woher man kommt, is in Kärnten mindestens so wichtig wie jene, wohin man geht. Nicht gestellt wird sie nur den Touristen, die in den Kärntnern ganz besonders herzliche Gastgeber vorfinden. Man ist bereit, was man besitzt und worauf man stolz ist, mit aller Welt zu teilen: die 198 Seen mit ihren badefreundlichen Wassertemperaturen, die oft bis zu 28 °Celsius reichen; die höchsten und schönsten der Tauerngipfel mit ihren Dutzenden von Gletschern, die breiten fruchtbaren Talsohlen wie etwa das Rosen- und das Jauntal, das Zoll- oder das Lurnfeld; die zahlreichen Kulturschätze aus der grauen Vorzeit keltisch-römischer Besiedlung, etwa rund um den Magdalensberg; die Dome und Kathedralen zwischen Gurk und Maria Saal; die lebendig gebliebene Volkskultur, die auch für jenen unübersehbar ist, der nicht zu volkskundlichen Fährtensuchern zählt.

Kärnten ist somit ein geradezu perfektes Feriengebiet für Sommerurlauber, die die Qualität eines nahezu mediterranen »Lido« zu schätzen wissen und gleichzeitig die Kulisse der Bergwelt nicht missen möchten.

... und auch im Winter

Kärnten ist jedoch auch ein nicht

minder idealtypisches Wintersportgebiet, das von den sanften Nockbergen bis zu den Hohen Tauern ein vielfältiges Angebot für Alpinsportler bereithält. Dank zahlreicher Seilbahnen und Skilifte können Skibegeisterte sonnige Wintertage bis zur letzten Minute auskosten, um dann die sportlichen Erfolge beim Après Ski zu feiern. Ausgedehnte Langlaufloipen sind in allen wichtigen Wintersportgebieten eine Selbstverständlichkeit. Außerdem laden die Kärntner Seen in den recht kalten alpinen Wintern zu Schlittschuhlaufen und ausgedehnten Eiswanderungen ein.

Die Sonnenseite Österreichs

Einer der Hauptimpulse dafür, daß Kärnten Jahr für Jahr von Touristen aus aller Herren Länder als Feriendomizil ausgewählt wird, dürfte nicht zuletzt die Besonderheit des hiesigen Klimas sein. Gewiß: Die Winter sind kalt und schneereich, doch die Sommermonate sind von auffallend geringer Bewölkung und einer überdurchschnittlichen Zahl an Sonnentagen geprägt. Für einen durch und durch verregneten Kärntenurlaub braucht man schon eine gehörige Portion Pech. Denn in Kärnten ist meist auch dann Schönwetter angesagt, wenn das Barometer überall anders in Österreich ein »Tief« anzeigt.

Diese Sanftheit des Klimas, gepaart mit dem Ebenmaß der Landschaft, in der sich die Proportionen zwischen Berg und Tal, Hügelland und Ebene, Wasser und Land, Felsen und Wald in verblüffender Harmonie zueinander verhalten, das alles zählt wohl zu den eindrucksvollsten Reizen,

Stätte keltisch-römischer Vergangenheit – der Magdalensberg

die das südlichste Bundesland Österreichs zu bieten hat.

Multi-Kulturelles

Dann wäre da noch die musische Komponente, die Kärnten für so manchen Kulturliebhaber zum begehrten Reiseziel macht, zumal sich die Kunstgenüsse in solch herrlicher Landschaft noch intensiver erleben lassen.

Die kulturelle Palette reicht von den großen internationalen Festspielen in Ossiach, Porcia oder Finkenstein über den renommierten Ingeborg-Bachmann-Wettbewerb in Klagenfurt bis zur originären slowenischen Literatur, die von Kärnten aus – nicht zuletzt durch die Übersetzung des Kärntner Schriftstellers Peter Handke – weltweit Anerkennung gefunden hat. Doch Hochkultur spielt keineswegs die wichtigste Rolle im kulturellen Alltagsleben der Kärntner, denen man eine ganz besondere Musikalität nachsagt. So gut wie jede Kärntner Gemeinde ist stolz darauf, eine eigene Gesangsgruppe, eine Blasmusikkapelle oder einen Chor zu besitzen. Der »Kärntner Fünfgesang« ist eine musikalische Form, die weit über die Grenzen des Landes hinaus Furore gemacht hat, übrigens ebenso wie der weltweit erfolgreiche Grenzlandchor Arnoldstein.

Kärntner Lieder sind niemals grob oder gar plump wie in anderen alpenländischen Gegenden. Sie sind von einer fast abgeklärten Rundheit, der auch die melodiöse Eigenart des Kärntner Dialekts zugute kommt. Und was in anderen Alpenländern mitunter ins Ordinäre abgleitet oder zu Zote gerät, entwickelt in Kärnten

Typisches Kärntner Bauernhaus im Lesachtal

Eine Region stellt sich vor

eine unverkennbare Erotik, die allenthalben spürbar ist. Die Kärntnerinnen gelten denn auch als besonders gutaussehend und charmant. Der Umstand, daß Kärnten bei der Zahl der unehelichen Kinder statistisch jahrzehntelang vor allen anderen österreichischen Bundesländern lag, wird jedoch nur von Übelmeinenden mit dem sogenannten »Kärntner Volkscharakter« in Verbindung gebracht.

Steinerne Monstranzen

So heißblütig man in Kärnten mitunter auch sein mag, so wenig sind die religiösen Werte im Lauf der Jahrhunderte in Vergessenheit geraten. Abgesehen von den zahlreichen, in jüngster Zeit mehr denn je hochgehaltenen christlichen Brauchtumsfesten, geben davon die sogenannten »Steinernen Monstranzen« deutlich sichtbares Zeugnis. Gemeint sind damit jene Bildstöcke, denen der Reisende auf Schritt und Tritt begegnet. Kein anderes Bundesland Österreichs kann auch nur mit einer annähernd vergleichbaren Zahl – Kenner sprechen von über 1 500 »Marterln«, wie sie die Kärntner liebevoll nennen – aufwarten.

Ihr Ursprung weist in vorchristliche Zeiten zurück, als man die Furcht vor Dämonen mit Hilfe steinerner Mahnmale zu bannen suchte. Später wurden die Bildstöcke aus Dankbarkeit für überstandenes Unheil oder zum Gedenken an ein Unglück errichtet. Der bekannteste und landschaftlich wohl am schönsten gelegene Bilstock befindet sich bei Egg am Faaker See mit dem Mittagskogel als majestätischem Hintergrund.

LESETIP

Als informative, kurzweilige Lektüre während Ihres Kärnten-Aufenthalts empfiehlt sich das **MERIAN-Heft Kärnten**, das Sie auch hinter die Kulissen der gängigen Klischees blicken läßt. Wer Kärnten einmal abseits der Touristenperspektive kennenlernen möchte, ist mit Humbert Finks Buch **Begegnung mit Kärnten** bestens beraten. Quer durch die Jahrhunderte führt der Autor den Leser landauf, landab in so manche Eigentümlichkeit des Kärntner Landes und seiner Bewohner ein.

ANREISE UND ANKUNFT

Fast alle Wege führen nach Kärnten. Villach ist nicht nur Verkehrsknotenpunkt, wenn's um die Schienen geht, sondern auch was den Nord-Süd-Verkehr betrifft.

Mit dem Auto

Da Kärnten über ein gut ausgebautes Straßennetz verfügt, bereist ein Großteil der Touristen das Land mit dem eigenen Auto. Von München kommend erreicht man Kärnten am schnellsten über Salzburg auf der mautpflichtigen **Tauernautobahn (A 10)**. Dank des Tunnels kann die Strecke auch im Winter problemlos befahren werden, sofern man während Ballungszeiten nicht in einen der leider immer wieder auftretenden Staus gerät.

Autofahrern, die bei der Überquerung der Tauern lieber auf Nummer Sicher gehen möchten, sei die **Tauernschleuse** von Badgastein (Böckstein) empfohlen. Nach einer rund zehnminütigen »Huckepack«-Reise auf dem Autozug erreicht man Mallnitz, von wo es dann ab Spittal an der Drau auf der Autobahn, je nach Ziel weitergeht.

Die mit Abstand landschaftlich reizvollste Variante ist die Anreise über die (mautpflichtige) **Großglockner Hochalpenstraße**. Vorausgesetzt, die Straße

In den schroffen Felsen gehauen: die Großglockner Hochalpenstraße

ist schneefrei (Wintersperre circa Oktober bis April). Die Hochgebirgsstraße beginnt in Bruck im Bundesland Salzburg und führt über zahlreiche Kehren und nach Überwindung eines Höhenunterschiedes von rund 2 500 Metern nach Heiligenblut, das bereits in Kärnten liegt.

Reisende aus dem Norden, die eine Anfahrt über Kitzbühel wählen, benützen die (mautpflichtige) **Felbertauernstraße** und gelangen über Lienz bei Oberdrauburg auf Kärntner Boden.

Deutsche Gäste, die auf der **A 9** in Richtung Süden unterwegs sind, wechseln bei Graz auf die **Südautobahn (A 2)**, um nach dem Packsattel bei Bad St. Leonhard die Kärntner Landesgrenze zu überqueren (schöne Aussichtswarte).

Autoreisezüge, die sowohl von Deutschland als auch von der Schweiz aus verkehren, gestalten die Anreise speziell zur Hauptsaison weitaus streßfreier und angenehmer. Die Züge enden am Verkehrsknotenpunkt Villach, von wo der Großteil der Reiseziele in durchschnittlich ein bis zwei Stunden zu erreichen ist.

Nähere Auskünfte
für Autofahrer erteilt der
Österreichische Automobil- und Touringclub (ÖAMTC)
Schubertring 1–3
1010 Wien
Tel. 02 22/7 11-99-7 (Vorwahl aus dem Ausland 0 04 31) oder

Kärntner Automobil- und Touringclub
Alois-Schader-Str. 4
9020 Klagenfurt
Tel. 04 63/32 52 30

Mit der Bahn

Zentraler Verkehrsknotenpunkt ist der Villacher Bahnhof, wo alle internationalen Züge Station machen. Von hier aus ist nahezu jeder Urlaubsort per Bahn und/oder mit dem Autobus zu erreichen.
Auskunft:
Österreichische Bundesbahnen
Tel. 04 63/17 17
Fahrkartenbestellung
Tel. 04 63/17 00
Postbus-Fahrplanauskunft
Tel. 04 63/5 43 40 und 5 67 45

Mit dem Flugzeug

Der Flughafen Klagenfurt ist bis jetzt nur von wenigen Großstädten (Frankfurt, Zürich, Wien und Graz) aus direkt zu erreichen. Aufgrund der geringen Frequenz besteht auch kein öffentlicher Transfer-Dienst, weshalb Ankommende – sofern ein Zubringerdienst nicht in einem Arrangement inbegriffen ist – auf Taxis ins Zentrum von Klagenfurt angewiesen sind.
Flugauskunft
Tel. 04 63/56 64 70

Kärnten mit und ohne Auto

Gipfel und Mugeln finden sich in Kärnten ebenso wie weitläufige Talebenen. Berg-Rallyefahrer und Pedalritter kommen also gleichermaßen auf ihre Kosten.

Mit dem Auto

Zusätzlich zu den Autobahnen und Schnellstraßen verfügt Kärnten über ein Netz gutausgebauter Straßen, auf denen es eine ausreichend große Anzahl von Tankstellen gibt, die alle auch bleifreies Benzin anbieten. Kärntens Autobahnen sind – mit Ausnahme der Tauernautobahn – gebührenfrei zu befahren. Zur Kasse werden Autofahrer hingegen mitunter auf mautpflichtigen Bergstraßen gebeten. **Berg- und Paßstraßen** verlangen ungeübten Bergfahrern manchmal einiges an Konzentration ab, auch wenn diese Straßen größtenteils gut ausgebaut sind.

Für all jene Autofahrer, die mit Bergfahrten nicht ganz so vertraut sind, hier einige nützliche Hinweise: Die Steigungen der Bergstraßen betragen bis zu zwanzig Prozent. Sollte Schnee liegen, sind Winterreifen unbedingt nötig. Bei extremer Schneelage ist die Benutzung von Schneeketten erforderlich. Bei starken Steigungen sollte man in den ersten Gang schalten und

Trotz herrlichen Panoramas: Die Straßenkehren erfordern Konzentration!

KÄRNTEN MIT UND OHNE AUTO

den Berg langsam erklimmen. Auch bei starkem Gefälle im ersten Gang fahren und nur in Intervallen bremsen. Kurven und Kehren einhalten, auch wenn der Berghang auf der entsprechenden Seite liegt. Das bergauffahrende Fahrzeug hat immer Vorfahrt. Sind Sie gezwungen, Ihr Fahrzeug an einer Steigung abzustellen, legen Sie den Gang ein, ziehen Sie die Handbremse an, und sichern Sie die Reifen zusätzlich mit Steinen oder Keilen. Lenkrad einschlagen!

Die Höchstgeschwindigkeit auf Autobahnen beträgt 130 Stundenkilometer, auf Bundesstraßen 100 Stundenkilometer.

So unproblematisch das Parken in ländlichen Gegenden ist, so mühsam kann es in Städten und Fremdenverkehrszentren sein. Nützen Sie daher, wo immer es möglich ist, Parkgaragen oder -plätze. In vielen Orten stehen auch Kurzparkzonen (bis zu 1/2 Stunden) zur Verfügung.

Auskünfte rund ums Auto erteilt der
Österreichische Automobil-, Motorrad- und Touringclub (ÖAMTC)
Schubertring 1–3
1010 Wien
Tel. 02 22/7 11 99-7 sowie der
Kärntner Automobil- und Touringclub
Alois-Schader-Str. 4
9020 Klagenfurt
Tel. 04 63/32 52 30
Pannenhilfe (landesweit)
ÖAMTC
Tel. 1 20
ARBÖ
Tel. 1 23

Auto- und Fahrradverleih

In nahezu allen größeren Städten können Autos und Fahrräder zu den gängigen Bedingungen angemietet werden (→ Sport und Strände), wobei Fahrräder in manchen Fremdenverkehrsregionen zu äußerst günstigen Konditionen verliehen werden.

Öffentliche Verkehrsmittel

In Kärnten ist nahezu jeder Ort mit einem öffentlichen Verkehrsmittel erreichbar. Post und Bundesbahn versuchen, ihre Tarife durch eine Vielzahl von Ermäßigungen attraktiv zu gestalten, so daß es mitunter lohnend ist, das Auto stehenzulassen.

Österreichische Bundesbahnen
Tel. 04 63/17 17
Fahrkartenbestellung
Tel. 04 63/17 00
Postbus Fahrplanauskunft
Tel. 04 63/5 43 40 und 5 67 45

Taxis

Abgesehen von einem Funktaxi-Dienst, der unter der Klagenfurter Telefonnummer 04 63/17 18 erreichbar ist, verfügen größere Städte und Orte jeweils über eine ausreichend große Anzahl an Taxis. Die Tarife, die leider eher im europäischen Spitzenfeld angesiedelt sind, werden auf dem Taxameter ausgewiesen, wobei Zuschläge für große Gepäckstücke legal verrechnet werden dürfen.

Hotels und andere Unterkünfte

Willkommen in Kärnten

Es muß ja nicht gleich das Schloß am Wörther See sein... Aber Luxushotel, Frühstückspension und Urlaub auf dem Bauernhof sind im Angebot!

In den letzten Jahren hat die Kärntner Hotellerie mit der forcierten Einrichtung von Komfortzimmern angemessen auf die gestiegenen Bedürfnisse in- und ausländischer Gäste reagiert. Damit ist Kärnten ein entscheidender Schritt gelungen, und es braucht den Vergleich mit dem Ausland nicht zu scheuen.

Am kostengünstigsten ist die Variante, den **Urlaub auf einem Bauernhof** zu verbringen, wo Übernachtungen ab 120 öS angeboten werden, oder eine **Ferienwohnung** bzw. ein **Ferienhaus** anzumieten. Die Preise für Ferienwohnungen und -häuser sind zumeist für eine Woche – je nach Anzahl der Personen – pauschaliert, wobei allerdings häufig Nebenkosten für Strom oder Endreinigung zusätzlich erhoben werden. Alles in allem eine Rechnung, die aufgeht, erfreuen sich doch die Ferien nach dem Motto »Auf Urlaub und doch zu Hause« in jüngster Zeit größter Beliebtheit. Ein pfiffiger Kärntner Unternehmer hat sogar alte Bauernhäuser aufgekauft, um sie an geeigneter Stelle (Faak am See

Luxus mit einem Hauch von Romantik: das Hotel Musil in Klagenfurt

Bad Kleinkirchheim-St. Oswald, Naßfeld) zu einem historisch fast authentischen Bauerndorf wieder zusammenzufügen.

Die **Hotelreservierung** sollte unbedingt im voraus getätigt werden. Besonders in der Hochsaison signalisiert das kleine rote Täfelchen nur allzuoft ein vollbesetztes Haus, weshalb man nicht auf gut Glück reisen sollte. Weniger Probleme treten in der Nebensaison auf, wobei nicht vergessen werden sollte, daß manche Häuser gerade in der ruhigeren Saison ihre Pforten für längere Zeit schließen.

Ein überdurchschnittliches Preis-Leistungs-Verhältnis garantieren: »CTC-Hotels« (Collegium Touristicum Carinthia), »Die beste Wahl in Kärnten«, »Die gesunden Neun« und »Kinderland Kärnten«. Wenn Sie beabsichtigen, Ihren Urlaub in einer Privatpension oder Ferienwohnung zu verbringen, so hilft Ihnen die Klassifizierung des zuständigen Landesverbandes: Ausgewählte Häuser werden – je nach Ausstattung – mit dem Qualitätszeichen von zwei bis vier »lachenden Sonnen« ausgezeichnet. Informationsbroschüren erhalten Sie über die Fremdenverkehrsämter (→ Kärnten von A bis Z).

Hotels sind bei den einzelnen Orten im Kapitel »Sehenswerte Orte und Ausflugsziele« beschrieben.

Preisklassen
Die Preise gelten für eine Übernachtung mit Frühstück, pro Person.
Luxusklasse: 650–2 300 öS
Obere Preisklasse: 500–1 550 öS
Mittlere Preisklasse: 300–850 öS
Untere Preisklasse: 180–320 öS

DER BESONDERE TIP

Millionen Fernsehern ist der traumhafte Panoramablick auf den türkisblauen Faaker See und den dahinter steil aufsteigenden Mittagskogel aus der Serie »Ein Schloß am Wörthersee« wohlbekannt. Gäste des **Hotels Karnerhof** können dieses Naturschauspiel täglich live genießen. Direkt am See gelegen, bietet dieses luxuriös ausgestattete Gesundheitshotel alles, was den Urlaub zum Erlebnis macht: Sauna, Hallen-, Frei- und Strandbad, Tennisplätze, Segel- und Surfschule, Beauty-Farm mit Naturkosmetik sowie erstklassige Haubenküche. Silencehotel Karnerhof, 9580 Egg am Faaker See, Tel. 0 42 54/21 88, Fax 36 50, 105 Zimmer, Obere Preisklasse ■ D 4

ESSEN UND TRINKEN

Kasnudel, Ritschert und Frigga erfreuen sich bei Liebhabern deftiger Kost größter Beliebtheit. Doch Kärntner Leckereien gibt's auch als Leichtvariante.

»Kemt's lei bald, kemt's lei bald, de Nudl werd'n kalt, Nudl werd'n kalt!« Wenn die Bäuerin in früheren Zeiten diesen Spruch lauthals über den Hof rief und dazu die Hausglocke läutete, so kam das ganze Gesinde in Windeseile herbei. Da wußte man, daß in der »Kuchl«, am behäbigen Bauerntisch, bereits eine dampfende Schüssel wartete, randvoll mit duftenden **Kasnudeln**, die Kärntner Nationalspeise, die bis heute nichts an Attraktivität eingebüßt hat, und die Sie unbedingt einmal probieren müssen.

Kasnudeln ohne Käse

Mit Käse haben Kasnudeln allerdings so gut wie nichts zu tun, da die Teigtaschen lediglich mit Quark, Minze, Kerbel, Schnittlauch, Petersilie, Kartoffeln und E gefüllt werden. Die gekochten Nudeln werden »abgeschmazen«, das heißt mit zerlassene Butter, gebratenen Speckwürfel oder Verhackertem serviert. Mindestens so wichtig wie die Füllung – es gibt auch Fleischvarianten – ist bei Kasnudeln der Teig rand, der richtig »abgekrendelt«

Kärntner Gemütlichkeit: Zum Kirchweihfrühschoppen trifft sich jung und alt

ESSEN UND TRINKEN

sprich zackenartig zusammengedrückt, sein muß. Einem alten Kärntner Sprichwort nach darf ein Mädchen erst heiraten, wenn es auch richtig »krendeln« kann.

Ist der Appetit groß genug, so kann man vor den Kasnudeln eine der zahlreichen Kärntner Suppenspezialitäten kosten. Da stehen etwa »Gelbe Suppe«, Gailtaler Kirchtagssuppe, Farferlsuppe oder Gerschtbreinsuppe zur Auswahl. Oder versuchen Sie das **Ritschert**, einen der Gerschtbreinsuppe ähnelnden Eintopf aus Rollgerste, Bohnen, Wurzelwerk und Rauchfleisch. Dabei sollten Sie auf eine Vorspeise verzichten, das Ritschert ist sehr mächtig.

Kalorienbombe süß oder sauer

Kalorienberechnungen braucht man nicht erst anzustellen, wenn man sich für die Frigga oder Maichelen entschieden hat. Die Kärntner lieben es nun einmal eher deftig, schließlich waren sie einst ein hart arbeitendes Bauernvolk. Zu Kräften kommt man auch durch den Genuß von Heidenmehlpalatschinken, einer Kärntner Rarität, aus Türkensterz oder Polenta (Maisgrieß) hergestellt und mit Verhackertem abgeschmalzen. Kärnten-Puristen trinken dazu gesüßte Milch oder Malzkaffee, da man früher Sterz vorwiegend als kräftiges Frühstück zu sich nahm.

Gourmets, denen nicht so viel am Purismus liegt, seien dafür andere, nicht weniger echte Kärntner Süßspeisen zu Kaffee und Tee empfohlen. Allen voran der **Reinling** – nur Nichtkärntner sprechen von »Kärntner Reinling«. Er besteht aus Hefeteig, Zucker, Zimt und Rosinen. Nicht weniger beliebt sind aber auch das Kloatzenbrot, das zumeist in der Vorweihnachtszeit gebacken wird, und alle Spielarten von Krapfen, in Schmalz gebackenen Hefefladen, die je nach Jahreszeit und Verwendung verschieden gefüllt werden.

Die vermutlich opulenteste Art, Krapfen zu backen, ist der **Blattlstock**: Bis zu 30 tellergroße Krapfen werden – mit je einer Mohnschicht dazwischen – übereinandergestapelt. Kein Wunder, daß man sich diesen Krapfenturm einst als krönenden Abschluß des Weihnachtsmahls aufhob. Übrigens ebenso einen besonders gut gelungenen Obstler, den man nach dem Genuß eines so üppigen Mahles sicherlich nötig hat.

Kärntner Gastlichkeit

Ähnlich der Hotellerie sieht sich die Kärntner Gastronomie gegenwärtig einem noch nie dagewesenen Boom gegenüber, der sich unter anderem in einem wahren »Haubenregen« äußert. Unter die »Haube« kommen jene gastronomischen Betriebe, die vom »Guide Gault-Millau«, dem größten österreichischen Restaurantführer, gründlich getestet und für besonders empfehlenswert befunden werden. Sehr oft sind auch die Mitglieder des

ESSEN UND TRINKEN

»Bundes Österreichischer Gastlichkeit« zu empfehlen, die sich besonders der Pflege regionaler Spezialitäten widmen.

Am häufigsten trifft man auf Restaurants der Mittelklasse, deren Preis-Leistungs-Verhältnis im Regelfall gut ist. Sie offerieren ihren Gästen bodenständige Speisen und Gerichte der internationalen Küche. Überdurchschnittliches bieten hingegen die gar nicht so seltenen Restaurants der gehobenen Klasse. Zu etwas höheren Preisen wartet der Küchenchef mit guter Qualität auf, wobei regionale Speisen keineswegs ausgenommen sind. Im Gegenteil: Geraten typisch kärntnerische Spezialitäten normalerweise etwas deftig, so setzen gerade diese Häuser ihren Ehrgeiz darauf, Bodenständiges zu seiner feinsten, edelsten Form zu kreieren, zum Beispiel Entenleberravioli oder Mini-Kasnudeln auf Champagnerkraut.

Wesentlich kostengünstiger liest sich die Speisekarte der Restaurants der einfacheren Art und der Gasthöfe, wenngleich man hier häufig nicht weniger Sorgfalt und Liebe auf die Zubereitung der Speisen verwendet. Die Küche orientiert sich am Durchschnittsgast, der zu vernünftigen Preisen seinen Hunger stillen möchte. Eine gelungene Auswahl besonders empfehlenswerter Landgasthöfe bietet ein über die Kärntner Tourismus GesmbH erhältlicher Führer (78 öS).

Zünftige Jausen

Für den Appetit zwischendurch stehen in fast allen Gasthöfen auch tagsüber kleine Imbisse für Gäste bereit, allen voran die echte Kärntner Jausen, bestehend

DER BESONDERE TIP

Restaurant **Pukelsheim** Der Beiname »Tiroler Weinstube« mag so manchen Gourmet irreführen, wenngleich man hier besonders großen Wert auf gediegene Weinkultur legt. Diesbezüglich können Sie sich getrost dem erlesenen Geschmack des Hausherrn anvertrauen. Für die kulinarischen Köstlichkeiten ist hingegen die Frau des Hauses zuständig, die vor allem wegen ihrer genialen Nudelkreationen weithin gerühmt wird. Stichwort: Nudeltäschchen gefüllt mit Roter Bete oder Enten-Kohl-Ravioli. All das serviert man – wenn es das Wetter erlaubt – im romantischen, üppig mit Blumen geschmückten Innenhof. Reservierung ist unbedingt nötig. Erlgasse 11, 9300 St. Veit/Glan, Tel. 0 42 12/24 73, Mittlere Preisklasse ■ D 4

Essen und Trinken

aus Speck, Hartwurst, Käse und frischem Hausbrot.

Wer die **Brettljause**, wie der Imbiß oft genannt wird, hingegen in authentischer Umgebung genießen möchte, sollte eine der zahlreichen Hütten oder Jausenstationen aufsuchen, die zusätzlich zur meist schönen Lage und Aussicht auch Raritäten wie Verhackertes, echten Almkäse, Most oder frische Kuhmilch anbieten.

Kaffee-Konditoreien, die fast in allen größeren Ortschaften anzutreffen sind, sorgen dafür, daß Naschkatzen nicht zu kurz kommen. Abgesehen von den typisch österreichischen Mehlspeisen, sollte man unbedingt einen der in zahlreichen Variationen gebackenen Strudel (Mohn-, Nuß-, Apfel-, Topfenstrudel) oder den Reinling, die Kärntner Süßspeise schlechthin, kosten.

Öffnungszeiten

Während Restaurants im allgemeinen von 12 bis 15 und von 18 bis 22 Uhr geöffnet sind (während der Hochsaison mitunter auch bis 24 Uhr), bieten zahlreiche Gasthöfe auch zwischen den Mahlzeiten kleine Imbisse an.

Restaurants sind bei den einzelnen Orten im Kapitel »Sehenswerte Orte und Ausflugsziele« beschrieben.

Preisklassen
Die Preise beziehen sich auf ein Menü für eine Person, ohne Getränke und Trinkgeld, allerdings inkl. Steuern.
Luxusklasse: 400–1 200 öS
Obere Preisklasse: 350–550 öS
Mittlere Preisklasse: 180–320 öS
Untere Preisklasse: 50–150 öS

Ob Restaurant oder Jausenstation – Kärnten bietet für jeden das Richtige

ESSEN UND TRINKEN

Eßdolmetscher

A

Apfelstrudel: Butterteig mit Apfelfüllung, Nüssen, Butterbröseln

B

Beuschel: Ragout aus Lunge und Herz
Blunzen: Blutwurst

E

Eierspeise: Rührei
Eierschwammerl: Pfifferlinge
Einspänner: schwarzer Kaffee mit Schlagsahne
Erdäpfel: Kartoffeln

F

Farferlsuppe: Suppe mit handgedrehten, trockenen Mehlkügelchen
Faschiertes: Hackfleisch, Hackbraten
Faustnudeln: mit Fleisch gefüllte Teigtaschen
Fisolen: grüne Bohnen
Fleischlaberl: Frikadellen
Frigga: mit Hartkäse überbackene Speckscheiben

G

Gailtaler Kirchtagssuppe: Suppe mit Wild, Rind- und Lammfleisch sowie Leber
Gelbe Suppe: Suppe mit Fenchel, Sauerrahm und Safran
Germknödel: Hefeklöße mit einer Füllung aus Zwetschgenmus, dazu Mohn, Zucker und Butter
Germteig: Hefeteig
Gerschtbreinsuppe: Suppe mit Rollgerste, Liebstöckel und Salbei
Geselchtes: Räucherfleisch
Gespritzter: Wein, mit Mineral- oder Sodawasser verdünnt
Glundner: Kochkäse aus Quark
Grammelknödel: mit Grieben gefüllte Knödel
Grammeln: ausgelassene Speckwürfel, Grieben
Großer Brauner: schwarzer Kaffee mit wenig Milch, in großer Tasse
Großer Schwarzer: schwarzer Kaffee, in großer Tasse
Gugelhupf: Napfkuchen (Sandkuchen)

H

Heidenmehl: Buchweizenmehl
Heuriger: Wein der letzten Ernte, der am 11. November des Folgejahres »alt« wird
Holler: Holunder

K

Karfiol: Blumenkohl
Karree: Rippenstück
Kasnudeln: mit Quark, Kartoffeln und Ei gefüllte Teigtaschen
Kletzennudeln: mit Dörrbirnen und -pflaumen gefüllte Teigtaschen
Kloatzenbrot: Hefestriezel mit getrockneten Birnen, Dörrpflaumen und Feigen
Kraut: Weißkohl

M

Maischele: im Schweinenetz gebratene Innereien, mit Rollgerste vermischt
Mehlspeise: Sammelbegriff für süße Nachspeisen und Konditorwaren
Melange: Brauner mit Schlagsahne, mit Wasser verlängert
Mohnnudeln: Nudeln aus Kartoffelteig mit Mohn, Zucker und Butter
Most: gepreßter, noch nicht vergorener Obst- oder Traubensaft

Essen und Trinken

N
Nockerln: kleine Teigwaren, Nudeln

O
Obstler: Obstschnaps

P
Palatschinken: Omelett

R
Reinling: Süßspeise, bestehend aus Hefeteig, Zucker, Zimt und Rosinen
Ritschert: Rollgerste-Eintopf mit Bohnen, Wurzelwerk und Rauchfleisch

S
Schlagobers: Sahne
Strudel: Blätter- oder Mürbeteig mit Füllung

T
Topfen: Quark
Topfenstrudel: Blätterteig mit Quarkfüllung, warm oder kalt serviert
Türkensterz: Brei aus Maisgrieß

V
Verhackertes: kleingehacktes, geräuchertes Schweinefett
Verlängerter: Kaffee mit etwas mehr Wasser

W
Weckerl: länglich-ovales Brötchen

Z
Zirbengeist: Zirbenschnaps (Kiefernart)

Was wäre die Kärntner Küche ohne die berühmten Teigtaschen...

Einkaufen

Zwischen Karawanken und Nockbergen bietet sich eine wahre Fülle von Souvenirs an, um schöne Urlaubserinnerungen auch mit nach Hause zu nehmen.

Kärnten, ein Einkaufsland? Sicher kommen die meisten Urlauber in erster Linie wegen der Schönheit des Landes und der Erholungsmöglichkeiten nach Kärnten. Das Land bietet aber auch vielerlei Möglichkeiten, die Urlaubskasse ein wenig schmaler werden zu lassen und die Daheimgebliebenen am Ende ein wenig reicher: Die Filialen der Heimatwerke in den verschiedenen Städten in Kärnten bieten eine breite Auswahl kunsthandwerklicher Souvenirs an, darunter natürlich Trachten und Schnitzarbeiten, aber auch handbemalte und geschliffene Gläser, feine Spitze und vieles mehr. Aber auch Alkoholisches – ganz oben rangiert der Obstler – oder andere kulinarische Genüsse werden gern als Mitbringsel erstanden.

Ladenöffnungszeiten

In Kärnten gilt eine generelle Öffnungszeit von 8 bis 18 Uhr an Wochentagen und von 8 bis 12 Uhr an Samstagen – mit einigen Ausnahmen. So schließen manche Geschäfte über Mittag, etwa

Handgearbeitete Mitbringsel erfreuen sich größter Beliebtheit

von 12 bis 14 Uhr, andere wiederum, vorwiegend Lebensmittelläden, sind abends bis 18.30 Uhr geöffnet. Seit Einführung des neuen Ladenschlußgesetzes besteht auch die Möglichkeit, entweder an einem Tag in der Woche bis 19.30 Uhr oder an jedem ersten Samstag im Monat auch nachmittags einzukaufen. In ländlichen Gebieten trifft man auf Läden, die an einem Nachmittag in der Woche (meist Mittwoch) schließen. Alle diese Vorschriften verlieren ihre Gültigkeit, wenn landesinterne Ausnahmeregelungen in Fremdenverkehrsgebieten längere Öffnungszeiten gestatten.

Einkaufen auf dem Bauernhof

Findige Urlauber, die bewußt einkaufen wollen, machen in letzter Zeit verstärkt von einem typisch österreichischen Angebot Gebrauch: »Einkaufen auf dem Bauernhof«. Diese Form von Erlebnis-Shopping bringt zusätzlich zur Gewißheit, landwirtschaftliche Produkte von optimaler Qualität und Frische zu erstehen, auch Einblick in die Produktionsmethoden. Für Interessierte hat die Kammer für Land- und Forstwirtschaft in Kärnten die Broschüre »Einkaufen auf dem Bauernhof«, erhältlich über das Landesfremdenverkehrsamt (→ Kärnten von A bis Z), herausgegeben. Das Blatt enthält neben einer Auflistung der dem biologischen Landbau verpflichteten Bauern auch eine Beschreibung jener Produkte, die auf dem jeweiligen Hof zum Verkauf angeboten werden. Unser Tip: Vereinbaren Sie mit dem Bauern Ihrer Wahl vorher telefonisch einen Termin, denn ein Bauernhaus kennt keine festen Öffnungszeiten.

Alkoholisches

Unter den »geistigen« Erinnerungen an den Urlaub rangiert ohne Zweifel der Obstler auf Platz eins. Aber auch andere Spielarten, wie Himbeer- oder Zirbengeist, Wacholderschnaps oder Enzian, erfreuen sich großer Beliebtheit. Neben einer Vielzahl an Kräuterlikör-Varianten zählen auch hochprozentiger Rum, Marillenlikör und Sliwowitz zu den Bestsellern, die allerdings weniger kärntenspezifische, dafür typische Mitbringsel sind.

Kulinarisches

Kärntner Erinnerungen, die Leib und Seele zusammenhalten, werden sowohl auf den erwähnten Bauernhöfen als auch in Fach- und Souvenirgeschäften in großer Vielfalt angeboten. Zu den kulinarischen Dauerbrennern gehören Hauswürste, Geselchtes, Schinkenspeck, (Schafs-) Käse, Honig, aber auch Konfekt und Kloatzenbrot, wie das Kletzen- oder Früchtebrot genannt wird.

Kunsthandwerk und Trachten

Neun von zehn Mitbringseln sind vermutlich dem allumfassenden Überbegriff »Kunsthandwerk«

zuzuordnen. Hier gilt es jedoch, sehr sorgfältig die Spreu vom Weizen zu trennen. Da locken Lavendelhexen, Kuhglocken und Wurzelköpfe, hochwertige Schnitzereien, handgewebte Tischtücher und feinste Spitzen. Will man sichergehen, so empfiehlt es sich, kunsthandwerklich anspruchsvolle und somit kostspielige Mitbringsel nur in einschlägigen Fachgeschäften, am besten in einer der Filialen des »Kärntner Heimatwerks« in Klagenfurt, Villach oder Spittal, zu erstehen.

Auf dem Modesektor, speziell auf dem der Trachten, fand in den letzten Jahren eine begrüßenswerte Trendumkehr statt. Haftete der Trachtenbekleidung noch bis vor kurzem stets etwas Provinziell-Altmodisches an, so stechen die Kreationen junger Modeschöpfer heute durch gediegene Originalität hervor. Neue Trachtenmode können Sie in einer der zahlreichen ambitionierten Boutiquen erwerben. Nicht zu übersehen sind auch die mehr oder weniger prunkvoll ausgestatteten Lederhosen.

Souvenirläden

Wer kennt sie nicht, die überbordenden Souvenirläden, die an touristischen Brennpunkten ihre Waren anbieten? Für exquisite Mitbringsel sind sie sicherlich nicht die richtige Adresse, doch für kleinere, nicht allzu kostspielige Urlaubserinnerungen sind sie allemal zu empfehlen. Ein Riesenbleistift vom Großglockner, ein Kinderarmband mit Marienkäfern, eine Lavendelhexe auf ihrem Besen oder ein alpines Kuscheltier aus Fell sind in einschlägigen Fachgeschäften mitunter sogar schwer erhältlich.

DER BESONDERE TIP

Trachtenmode à la carte bietet die Firma **Wurzer** in Hermagor. Exquisite Trachtenbekleidung für Damen, Herren und Kinder wird in allen gängigen Größen angeboten, wobei man als besonderen Service Dirndl sogar innerhalb eines Tages maßschneidert. Der besondere Clou dabei: All das gibt's zu Großhandelspreisen mit bis zu 50 Prozent Ersparnis! Trachten Wurzer, Kühwegboden 30, 9620 Hermagor, Tel. 0 42 82/2 31 70 ■ B 4

Mit Kindern unterwegs

Langeweile ist für die Jüngsten in Kärnten ein Fremdwort. Kein Wunder bei dem Angebot an Freizeitgestaltung, an dem auch Mama und Papa ihren Spaß haben.

Restaurants, die nicht auf Kinder eingestellt sind, distinguierte Hotelgäste mit großem Ruhebedürfnis oder allzu ausführliche Museumsführungen machen den Urlaub mit Kindern manchmal zur Qual. Nicht so in Kärnten! Bereits vor mehr als zehn Jahren hat sich ein Kärntner Hotelier Gedanken über das Wohlbefinden seiner kleinen Gäste gemacht und als Konsequenz in Trebesing Österreichs erstes Babyhotel geschaffen. Sein Beispiel machte Schule. Mittlerweile scharen sich bei Gmünd im Maltatal nicht weniger als achtzehn kinderfreundliche Betriebe rund um den Baby-Pionierwirt. Doch auch außerhalb des Maltatals schlossen sich zahlreiche Kärntner Gastronomen zusammen, um Familien mit Kindern optimale Ferien zu ermöglichen. Eine Broschüre der »Kärnten Information« nennt die kinderfreundlichen Betriebe.

Absolut kinderfreundlich liest sich auch der Veranstaltungskalender: Neben eigenen Kinderfestivals locken Freizeit- und Tierparks, Puppenmuseum und die kleine Welt von Minimundus.

Familienurlaub ohne Museumsstreß – in Kärnten kein Problem

MIT KINDERN UNTERWEGS

KÄRNTEN ERLEBEN

Minimundus ■ D 4
Die im Maßstab 1:25 nachgebildete Welt am Wörther See ist ein absolutes Muß für jung und alt. Gleich daneben bieten ein Reptilienzoo und ein Planetarium viel Kurzweil.
Villacher Str. 241
9020 Klagenfurt
Tel. 04 63/2 11 94-0
April–Okt. 8.30–17 Uhr; Mai, Juni und Sept. 8.30–18 Uhr, Juli und Aug. 8–19 Uhr (Mi und Sa bis 21 Uhr)

Plüsch- und Comicmuseum ■ C 4
Saurierwelt, Teddybärenstadt, Dschungel oder Mayatempel – all das bevölkert von Plüschtieren.
9871 Seeboden
Tel. 0 47 62/8 27 82
Ganzjährig 10–18 Uhr, Juni und Sept. 10–19 Uhr; Juli und Aug. 9–20 Uhr

Puppenmuseum ■ C 4
In einem kleinen Bauernhaus in Winklern bei Villach sind rund 600 von Elli Riehl (1902–1977) gefertigte Puppen zu bewundern. Die Porträtpuppen spiegeln das bäuerliche Alltagsleben wider, stellen aber auch Märchenszenen dar.
9541 Einöde, Winklern Nr. 14
Tel. 0 42 48/23 95
April, Mai, Mitte Sept. und Okt. 14–18 Uhr; Juni–Mitte Sept. 9–12, 14–18 Uhr

Sommerrodelbahnen
Berghänge auch im Sommer in Windeseile hinunterzuflitzen, macht der ganzen Familie Spaß. Die schönsten und längsten Bahnen gibt's auf der Baumgartnerhöhe/Finkenstein bei Faak am See, in Eberndorf/Klopeiner See, in Ostriach bei Ossiach und auf der Turracher Höhe.

Wildpark Rosegg ■ D
Der großzügig, allerdings teilweise auch steil angelegte Wildpark bei Velden stellt über 30 Tierarten zur Schau. Für Kinder stehen ein großer Spielplatz, ein Kinderzoo und Elektroautos bereit.
9232 Rosegg bei Velden
Tel. 0 42 74/26 74
April–Nov. 9–17 Uhr

Zwergenpark ■ D
In unmittelbarer Nachbarschaft des Gurker Doms tummeln sich Hunderte von Wichteln und Gartenzwergen.
9342 Gurk,
Auskunft Tel. 0 42 66/80 77 oder 85 20
Mai–Okt. 9–18 Uhr

DER BESONDERE TIP

In romantischer Lage direkt am **Pressegger See** garantieren die 16 biologisch erbauten Ferienhäuser einen Idealurlaub für die ganze Familie. Kinderclub, geführte Wanderungen für Kinder, Spielplatz und Kinderpool sorgen für eine absolut kinderfreundliche Atmosphäre. Feriendorf Pressegger See, 9620 Presseggersee 7, Tel. 0 42 82/32 32-11, Mittlere Preisklasse ■ B 4

SPORT UND STRÄNDE

Warme Badeseen, schneesichere Abfahrten und ausgedehnte Golfanlagen – die optimale Infrastruktur für Fitneß- und Körperbewußte…

Ob zu Wasser, zu Lande oder in der Luft – Kärnten bietet nahezu für jede Sportart ideale Voraussetzungen. Dementsprechend groß ist auch das Interesse an sportlichen Aktivitäten seitens der Gäste. Ganz oben in der Hitliste der beliebtesten Sportarten rangieren im Sommer Schwimmen, Surfen und Wandern sowie im Winter natürlich Skilaufen.

Doch abgesehen von diesen traditionellen Sportmöglichkeiten haben sich jüngst zunehmend Sportarten für abenteuerlustige, risikofreudige Urlauber durchgesetzt. Rafting, Kanufahrten, Drachenfliegen, Eisgolfen oder Bungee Jumping erfreuen sich speziell unter jüngeren Gästen größter Beliebtheit. Und mit Mondschein- und Kräuterwanderungen wird sogar das einfache Wandern noch um einige Nuancen reicher.

Allerdings steht auch für ruhigere Gemüter eine große Palette geruhsamer Sportmöglichkeiten zur Verfügung. Zahlreiche landschaftlich reizvoll gelegene Golfplätze, jede Menge Tennisplätze und Reitställe, beschauliche Angelplätzchen oder geruhsame Langlaufloipen schicken selbst den Streß auf Urlaub.

Broschüren und detaillierte Auskünfte über sämtliche folgenden Sportarten erhalten Sie bei:

Kärntner Tourismus GesmbH
Casinoplatz 1
9220 Velden
Tel. 0 42 74/5 21 00, Fax 5 21 00-50

Golfanlagen sind in Kärnten keine Seltenheit mehr

Sport und Strände

Velden am Wörther See – eines der vielbesuchten Bade-Eldorados Kärntens

Sport und Strände

Angeln

Dank der ausgezeichneten Wasserqualität sind fast alle Gewässer Kärntens sehr fischreich, wobei in den Seen neben üblichen Weißfischarten noch Hecht, Karpfen, Waller (Wels), Zander (Schill), Seesaibling und Forelle dominieren. Die Flüsse und Bäche werden von Regenbogen- und Bachforellen, Huchen sowie Äschen bevölkert. Bei Insidern sind besonders das obere Gail- und Mölltal sowie der Weißensee beliebt. Sportfischer benötigen eine Fischerkarte des Bezirks und die Erlaubnis des Fischwasserinhabers. Auf besondere Bedingungen für Flug- oder Spinnangelei wird hingewiesen.

Bergsteigen und -wandern

Wandern zählt sicher zu den bevorzugten Freizeitbetätigungen, da Kärnten mit seinen 44 000 km Wanderwegen eine schier unerschöpfliche Fülle an geeigneten Zielen aufweist – und das in allen Schwierigkeitsgraden. Egal, ob man nun gemütliches Wandern, beispielsweise im Nockgebiet, oder extreme Touren, etwa in den Karawanken oder in den Hohen Tauern, bevorzugt – eines ist dabei unerläßlich: die richtige Ausrüstung. Dazu gehört vor allen Dingen solides Schuhwerk, auf keinen Fall leichte Sandalen oder Turnschuhe. Ebenfalls sollte man keineswegs auf gute Wanderkarten sowie Regen- und Kälteschutz verzichten, da das Wetter im Gebirge immer überraschend umschlagen kann.

Für schwierigere Touren stehen in fast allen Berggemeinden kundige Bergführer zur Verfügung. Auch Fremdenverkehrsorte bieten immer wieder organisierte Wanderungen aller Art an.

Wer sich im Klettern perfektionieren will, kann dies im Klettergarten Kanzianiberg in Finkenstein bei Faak am See tun.

Drachenfliegen und Paragleiten

Drachenfliegen, auch Hängegleiten genannt, kann man bereits ab dem 16. Lebensjahr erlernen, die Zustimmung der Erziehungsberechtigten vorausgesetzt. Zulassungen, die Urlauber in ihrem Heimatland erworben haben, werden anerkannt. Die beiden für Drachenfliegen bestgeeigneten Gebiete sind das Goldeck bei Spittal, das sich aufgrund seiner hervorragenden Thermik und der guten Transportmöglichkeiten (Seilbahn) als ideale Ausgangsbasis eignet, und das Gailtal mit seinen für Drachenfliegen geradezu prädestinierten steilen Hanglagen.

Golf

Freunde dieses exklusiven Sports müssen auch im Urlaub nicht auf ihr Hobby verzichten, da Kärnten mittlerweile über sechs Golfanlagen und zwei Drivingranges in Dellach am Wörther See, Bad Kleinkirchheim, Klopeiner See, Pörtschach, Velden, Faaker See, Villach und ab Juli 1994 in Klagenfurt verfügt. Am Weißensee werden im Winter Eisgolfturniere veranstaltet.

Motorbootsport

Die Kärntner Behörden haben rigorose Einschränkungen für Motorboote erlassen.

Auskünfte:
Kärntner Landesregierung
Abteilung für Schiffahrt
Miesstalerstr. 1
9020 Klagenfurt
Tel. 04 63/53 60

SPORT UND STRÄNDE

Über 40 000 km Wanderwege gibt es in Kärnten

Radfahren und -wandern

Radfahren ist wieder in, auch in Kärnten. Demzufolge gibt es in allen Fremdenverkehrsregionen die Möglichkeit, Räder – mitunter kostenlos – zu mieten. An einigen Stationen der Österreichischen Bundesbahn gibt es Ausleihstellen, wobei sich die Möglichkeit bietet, eine Strecke zu radeln und den Rückweg bequem mit der Bahn zu fahren.

Raften, Kanu- und Paddelsport

Galt die Lieser (mit ständiger Trainingsstrecke) schon seit langem als Mekka des Wildwassersports, so ziehen nun auch andere Gemeinden am gleichen Strang. Im oberen Gail- und Mölltal finden Sie Pauschalangebote, die Wildwasser- oder Raftfahrten und Videovorführungen einschließen.

Reiten

Reitclubs, Reitställe, ja sogar Reiterdörfer (Bauerndorf Schönleitn, Faak am See) schießen in Kärnten aus dem Boden. Reitwochenpauschaler zählen zum Standardangebot der Urlaubsorte. Dazu gesellen sich organisierte Trekkingtouren von Döllach im Mölltal in die Hohen Tauern und ein- bis zweiwöchige Reittouren quer durch das Land.

Segeln und Surfen

Striktes Segel- und Surfverbot besteht für folgende Seen: Forstsee, Gösselsdorfer See, Hafner See, Jesserzer See, Keutschacher See, Maltschacher See, und Freibach-Stausee. Den Seglern bleibt außerdem der Magdalenensee und der Pressegger See verwehrt.

Ideal zum Segeln eignen sich hingegen der Wörther See, Millstätter See, Ossiacher See, Faaker See, Weißensee und Stausee Gößnitz. An allen erwähnten Seen stehen zahlreiche Surf- und Segelschulen für Lernwillige bereit, wobei Gäste aus der Bundesrepublik auch den Segelführerschein A des Deutscher Segler-Verbandes erwerben können

Tennis

Zusätzlich zu den zahlreichen öffentlichen Tennisplätzen verfügt nahezu jedes Hotel der gehobenen Kategorie über mindestens einen eigenen Platz.

Wasserski

An allen größeren Seen gibt es einschlägige Schulen für diesen Sport.

Sport und Strände

Wintersport

Für das **Skifahren** sind vor allem die Karnischen Alpen mit dem Gebiet um Hermagor und dem Naßfeld ideal. Weitere, nicht weniger attraktive Ski-Adressen sind: Heiligenblut, Bad Kleinkirchheim und St. Oswald, Innerkrems, Turracher Höhe, Mallnitz, Nockgebiet, Katschberg, Dobratsch oder Mölltalgletscher, Karawanken (Petzen), Goldeck und Ankogel. Über 200 Seilbahn- und Liftanlagen, bewirtschaftete Hütten und Après-Ski garantieren, daß Langeweile nicht aufkommt. Kilometerlange Langlaufloipen (und Pferdeschlittenfahrten) gehören zum Standardprogramm aller Wintersportorte.

Eislaufen kann man in Kärnten fast den ganzen Winter, da die meist strengen Temperaturen die Seen rasch zufrieren lassen. Die Gemeinde Weißensee veranstaltet auf der größten geschlossenen Eisfläche Mitteleuropas jährlich ein internationales Eisgolfturnier (9-Loch-Golfplatz) und ein Langlauf-Ski-Treking-Programm mit Huskies (Schlittenhunden) für geübte Langläufer.

Strände

Angenehme Wassertemperaturen (20 bis über 26°) sowie eine ausgedehnte Badesaison, die unter Umständen von Mitte Mai bis in den September währen kann, machen die Wahl des bevorzugten Sees nicht gerade leicht. Wörther, Ossiacher und Millstätter See gehören zu den meistbesuchten Bade-Eldorados. Urlauber, die Ruhe und Erholung suchen, nehmen meist Zuflucht zu einem der vielen kleineren Seen. Geheimtips gibt es viele: Urban- und Pressegger See (mit Temperaturen bis 26°), Klopeiner See (mit 28° einer der wärmsten), Rauschele-, Hafner-, Afritzer-, Turner-, Brenn- oder Aichwaldsee.

Einen gelungenen Kompromiß zwischen Geselligkeit und Gemütlichkeit bietet der Faaker See mit seiner romantischen Insel.

FKK-Strände gibt es an folgenden Seen: Keutschacher und Tiringer See (letzterer liegt bei Moosburg), Millstätter See, FKK-Strand Pesenthein (2 km östlich von Millstatt), Wörther See, Körpersportvereinigung »Wörther See«, Familiengelände Maiernigg, Viktring und »Rutar-Lido« in Eberndorf im Jauntal.

Der Besondere Tip

Bungee Jumping Nur die Mutigsten werden den Sprung von der Jauntalbrücke hinab in die Tiefe, knapp über die Drau, wagen. Wem dazu der Mumm fehlt, der kann immerhin beim Zusehen Entspannung finden. Kontaktadresse: Jauntal Bungee GmbH, Eis 81, 9113 Ruden, Tel. 06 63/4 76 26 oder 0 42 34/82 10

FESTE UND FESTSPIELE

Kärntner zu sein heißt, gern Feste zu feiern. Doch davon gibt es so viele, daß es dem Uneingeweihten nicht gerade leichtfällt, den Überblick zu behalten...

Feste und Jahrmärkte gehören zu Kärnten wie die Kärntner Tracht und die Kärntner Kasnudel. Fast jede Gemeinde hat denn auch ihren eigenen **Jahrmarkt** mit Bierzelt, Brathähnchen, Tanzboden und nicht selten auch mit Vergnügungspark. Die meisten dieser Jahrmärkte finden im Spätsommer und Herbst statt, wobei der berühmteste das Wiesenfest zu Michaeli, am 29. September, in St. Veit an der Glan ist.

Dazu gesellen sich noch die zahlreichen **Brauchtumsfeste**, deren Ursprung oft auf keltische Kultrituale zurückgeht. Viele dieser uralten Bräuche, wie etwa der Vierbergelauf oder das Kufenstechen, erleben in unseren Tagen wieder eine erfreuliche Renaissance.

Feste ganz anderen Ursprungs sind hingegen die in jüngster Zeit zahlreich organisierten **Sommerfestspiele**. Carinthischer Sommer, Millstätter Internationale Musikwochen, Burgfestspiele auf Finkenstein oder Friesacher Sommerspiele sind längst zu den Fixpunkten des sommerlichen Kulturlebens geworden.

Die Blaskapelle spielt zur Kirchweih auf – und das in voller Tracht

FESTE UND FESTSPIELE

Februar
Kirchleintragen in Eisenkappel
Kinder tragen kleine papierne Kirchlein, die von innen beleuchtet sind, durch den Ort. Danach werden sie als Schifflein auf die Vellach gesetzt und schwimmen davon.
2. Februar

Striezelwerfen
Im Jauntal, dem unteren Drautal, werden Hunderte von kleinen Roggenbroten, sogenannte Agathentriezel, in die wartende Volksmenge geworfen. Als Glücksbringer sind sie bei Einheimischen wie bei Touristen gleichermaßen beliebt.
5. Februar

Blochziehen
Dieser äußerst populäre Brauch wird in vielen Gemeinden zur Faschingszeit hochgehalten. Dabei wird ein vom Geäst befreiter Baum in einem Riesenspektakel durch den Ort gezogen. Veranstaltungen finden u.a. in Bleiburg und Dellach statt.
Februar (Fasching)

Villacher Fasching
Ausgelassen und überschwenglich wird speziell in Villach – in leichter Anlehnung an das Mainzer Vorbild – das Ende der kalten Jahreszeit gefeiert.
Faschingssamstag bis -dienstag

April
Kreuzziehen
Kostümierte Bauern und Arbeiter stellen – zumeist pantomimisch – das Leiden Jesu Christi dar.
Heßdorf
Gründonnerstag und Karfreitag

Mai
Gailtaler Kufenstechen
Berittene Burschen in Tracht versuchen mit einer Lanze im Galopp eine auf einen Pfahl gesteckte Kufe oder ein Faß zu durchstechen.
Feistritz im Gailtal
Pfingstmontag

Laubhüttenfest
Zwar nur jedes dritte Jahr stattfindendes, dafür aber um so prachtvolleres Bergmannsfest, bei dem die Knappen den dreiteiligen Reiftanz aufführen.
Jedes dritte Jahr (nächster Termin: 1995) am Sonntag nach Pfingsten

Juni
Burghofspiele Friesach
Inmitten des romantischen Ambientes des Hofes des Dominikanerklosters fällt Ende Juni der Startschuß für ein Sommerfestival, bei dem größtenteils Laienschauspieler auftreten.
Ende Juni bis Mitte August

Juli
Ranggeln
Auf der Gerlitzen am Ossiacher See mißt man sich im Ranggeln, einem bäuerlichen Kampfsport, wobei es – vereinfacht ausgedrückt – darum geht, den Gegner auf's Kreuz zu legen.
Sonntag nach dem 29. Juni

Carinthischer Sommer
Alljährlich bietet die Ossiacher Stiftskirche den optimalen Rahmen für das hochkarätige Musikfestival mit Stiftskonzerten und Kirchenopernaufführungen. Musikalische Prominenz wie Leonard Bernstein, Karl Böhm oder José Carreras waren hier schon zu Gast.
Ossiach
Juli, August

Finkenstein
In der Burgarena Finkenstein bei Faak am See wird bei schönem Wetter unter freiem Himmel (bei

FESTE UND FESTSPIELE

Schlechtwetter im Zelt) ein bunt gemischtes Programm von Klassik bis Jazz geboten.
Juli und August

Komödienspiele
Schloß Porcia in Spittal dient in den Sommermonaten als bezaubernde Kulisse für so manche amüsante Komödie.
Juli, August

August
Villacher Kirtag
Spektakulärer Kirtag (Kirchtag), an dem ganz Villach auf dem Kopf steht.
1. Samstag im August

Ranggeln
Etwas später als auf der Gerlitzen, aber dafür nicht weniger heftig wird in St. Lorenzen ob Ebene Reichenau freundschaftlich gekämpft.
15. August

Schiffsprozession
Von Maria Wörth ausgehend, feiert man am Wörther See das Fest der Maria Himmelfahrt mit einer wunderschönen Schiffsprozession samt Madonnenschiff.
15. August

Klagenfurter Messe
Jedes Jahr im August kommen Kärntner aus der näheren und weiteren Umgebung auf diese Leistungsschau, um sich zu informieren und um ausgiebig zu feiern.

September
Michaeli-Wiesenmarkt
Für echte Jahrmarkt-Fans schlichtweg **das** Ereignis des ganzen Jahres. Hierher kommt man nicht nur, um sich zu amüsieren. Hier trifft man Bekannte und Feunde, hier wird gehandelt und – vor allem – tatsächlich gekauft.
St. Veit an der Glan
29. September

Wiesenmarkt in Bleiburg
Traditioneller Wiesenmarkt mit Übertragung der »Freyung« (Stadtfreiheit).
Anfang September

Oktober
Erntedankfest
Wie in vielen Gemeinden, wird auc im Wallfahrtsort Maria Schnee bei Kötschach Mauthen das Einbringer der Ernte gefeiert. Hier allerdings besonders eindrucksvoll.

DER BESONDERE TIP

Vierbergelauf Am Dreinagel-Freitag, am zweiten Freitag nach Ostern, beginnt die wohl merkwürdigste Wallfahrt im alpenländischen Raum. In etwa siebzehn Stunden, von Mitternacht bis Sonnenuntergang, müssen rund fünfzig Kilometer zurückgelegt werden. Dabei sind vier Berge mit insgesamt 2 000 Metern Höhenunterschied und vier Messen zu bewältigen. Ausgangspunkt: Magdalensberg ■ D 4

FESTE UND FESTSPIELE

Das Erntedankfest wird in vielen Gemeinden Kärntens gefeiert

KLAGENFURT

Kärntens Landeshauptstadt ist Handelsmetropole, Touristenattraktion und Kleinstadt zugleich. Gerade diese Widersprüche machen Klagenfurts Reiz aus.

Aus welcher Himmelsrichtung Sie sich Klagenfurt auch nähern, Sie werden überrascht sein. Überrascht darüber, daß Sie nicht von pulsierender Hektik und großangelegten Industrieanlagen empfangen werden, wie es einer ordentlichen Landeshauptstadt anstehen würde.

Klagenfurt
■ D 4

Ein Hauch Italien

Klagenfurt mußte sich im Lauf der Jahrhunderte lang im Schatten der Mächtigen ducken. Obwohl bereits 1252 urkundlich als Stadt erwähnt, konnte Klagenfurt erst im 16. Jahrhundert den Konkurrenzstädten Villach, St. Veit und Friesach den Rang ablaufen. Auf den drei Jahrhunderte währenden Dornröschenschlaf folgte ein plötzlicher Aufschwung, der vor allem italienische Baumeister herbeirief, die der gesichtslosen Stadt ein zeitgemäßes Aussehen verschafften. Durchstreift man heute die Altstadt, so ist der steingewordene Hauch Italianità, selbst vierhundert Jahre danach, unverkennbar. Schmucke Fassaden einstiger repräsentativer Paläste und hübsch angelegte Arkadenhöfe vermitteln südliches Lebensgefühl, was nicht zuletzt auch daran liegen mag, daß man es verstanden hat, die historisch wertvollen Gebäude nicht nur zu renovieren, sondern auch sinnvoll zu nutzen.

Fahrrad statt Auto

Auch in Klagenfurt wird die Stadtgemeinde mitunter der ständig anwachsenden Verkehrsflut nicht mehr Herr. Lassen Sie am besten Ihr Fahrzeug etwas außerhalb stehen, und benutzen Sie die öffentlichen Verkehrsmittel. Lobenswert ist das Bemühen der Stadtväter um die Radfahrer: Man legte ein umfassendes Radwegenetz an und verbannte den Schwer- und Lastverkehr auf neu ausgebaute Umgehungsstraßen.

Es war den Stadtvätern Klagenfurts wichtig, daß kein Tourist sich aus dem bunten Reich des Sightseeing ausgeschlossen fühlen sollte. Deshalb wurde kurzerhand das »Altstadtwandern« ins Leben gerufen. Anhand erläuternder Tafeln und grüner Pfeile werden bildungshungrige Urlauber in 38 Stationen quer durch die Altstadt geführt. Die Länge des zurückgelegten Weges beträgt knapp drei Kilometer. Viel Spaß!

KLAGENFURT

Der ganze Stolz der Klagenfurter: der Alte Platz mit Pestsäule

KLAGENFURT

Hotels und andere Unterkünfte

Blumenstöckl ■ c3/c5
Gepflegtes kleines Haus in zentraler Lage.
10.–Oktober-Str. 11
Tel. 0463/5 77 93, Fax 57 79 35
13 Zimmer
Mittlere Preisklasse

Dermuth
Etwas außerhalb am Waldrand gelegen, bieten die kürzlich renovierten Zimmer und Apartments jeden nur erdenklichen Komfort. Restaurant ist dem Hotel angeschlossen.
St. Martin
Kohldorferstr. 52
Tel. 0463/2 12 47, Fax 2 12 47 17
40 Zimmer
Luxusklasse

Jugendgästehaus ■ f3
Ein Haus der Kolpingfamilie.
Enzenbergstr. 26
Tel. 0463/5 69 65, Fax 5 69 65 32
200 Zimmer
Untere Preisklasse

Kurhotel Carinthia ■ d3/e3
Lärmempfindliche Gäste sollten sich um ein Zimmer auf der Rückseite bemühen. Komfortable Zimmer, zentrale Lage. Gepflegte Bar.
8.-Mai-Str. 41
Tel. 0463/51 16 45, Fax 5 11 67 21
28 Zimmer
Obere Preisklasse

Moser-Verdino ■ d3/d4
Seit eh und je gehört dieses renommierte Haus zu den besten Adressen der Stadt, bietet es doch alles auf einen Streich: beste Lage nahe der Fußgängerzone, gediegenen Komfort, gepflegtes Ambiente.
Domgasse 2
Tel. 0463/5 78 78, Fax 51 67 65
79 Zimmer
Obere Preisklasse

Musil ■ c3/c5
Das gutgeführte Haus mit einem romantischen Hauch bürgt für Qualität, die höchsten Ansprüchen gerecht wird.
10.-Oktober-Str. 14
Tel. 0463/51 16 60, Fax 5 11 66 04
12 Zimmer
Luxusklasse

Tiger
In ruhiger, sonniger Lage, nur 1 km südlich der Freizeitanlage Minimundus gelegen, bietet dieses moderne Hotel Zentrumsnähe gleichermaßen wie erholsame Entspannung im Grünen. Restaurant mit guter Küche.
Schilfweg 7
Tel. 0463/2 37 05, Fax 23 00 26
29 Zimmer
Mittlere Preisklasse

Spaziergänge

Klagenfurts schachbrettartig gegliederte Struktur im Zentrum macht Gästen die Orientierung nicht allzu schwer. Schnurgerade nehmen viele Straßen vom Neuen Platz ihren Ausgang, um in eine der vier Ringstraßen zu münden. Bei den folgenden beiden Spaziergängen werden Sie aufgrund der Übersichtlichkeit der Innenstadt leicht den Überblick behalten können.

Vom Rathaus zum Landhaus und zur Stadtpfarrkirche
Sie beginnen Ihren Rundgang vor dem Rathaus, umrunden den Neuen Platz samt Lindwurm und Maria-Theresia-Denkmal und biegen in die Kramergasse ein. Wörther-See-Mandl, Pestsäule, prachtvolle Palais – all das bietet die Fußgängerzone, der Sie nun links in Richtung Landhaus, entlang dem Alten Platz, folgen. Kunstfreunde werden sich im Landhaus eine Besichtigung nicht entgehen lassen.

KLAGENFURT

Anschließend führt der Weg am unteren Ende des Alten Platzes sowie an der Herrengasse vorbei zur Stadtpfarrkirche. Wer sich noch fit genug fühlt, kann die Stufen hinauf zum Turm erklimmen, wobei ihm Gemälde der Turmgalerie Abwechslung bieten. Wieder mit festem Boden unter den Füßen, geht es sodann die Wienergasse und den gesamten Alten Platz entlang über die Bahnhofstraße und die Burggasse zurück zum Ausgangsort.

Vom Rathaus zum Dom und zur Landesgalerie

Vor dem Rathaus stehend, wenden Sie sich gegen Süden und gelangen über die Kaufmanngasse zum Benediktiner Platz (Markt) und zur Benediktiner Kirche. Anschließend überqueren Sie auf der Lidmanskygasse die 10.-Oktober-Straße und die Karfreitstraße. Nun stehen Sie unmittelbar vor dem Dom und dem daneben liegenden Diözesanmuseum.

Nach der Besichtigung beider Sehenswürdigkeiten folgen Sie noch kurz der Lidmanskygasse und biegen nach links in die Bahnhofstraße ein. In Höhe der Burggasse wenden Sie sich abermals nach links zur Landesgalerie. Visà-vis wartet das Café Moser-Verdino mit Kaffee und leckeren Mehlspeisen.

Sehenswertes

Alter Platz ■ c 2/d 2
Entlang der Fußgängerzone, mitten im Herzen der Stadt, reihen sich vorbildlich erhaltene Palais und Häuser aus dem 16. und 17. Jh. aneinander. Ihre Bausubstanz ist im wesentlichen unverändert geblieben. Gemeinsam mit der Dreifaltigkeits- der Pestsäule von 1680 und dem Haus zur Goldenen Gans (Alter Platz 1), dem ältesten instandgehaltenen Gebäude Klagenfurts, sowie den Großbürgerhäusern bildet der Platz eines der schönsten städtebaulichen Ensembles in Kärnten.

Domkirche ■ d 4
Die 1582 errichtete Dreifaltigkeitskirche, bis 1604 fest in protestantischer Hand, gelangte während der Gegenreformation in die Hände der Jesuiten. Seit 1787 dient sie den Bischöfen von Gurk als Domkirche. Abgesehen davon, daß sie als früheste Wandpfeilerkirche Österreichs gilt, dürften für Kunstfreunde vor allem die üppigen Stuckarbeiten von Kilian Pittner (1725), der mächtige Hochaltar mit einem Altarblatt von Daniel Gran (1752), ein Christus-Bild von Paul Troger (1726) und eine Verkündigungs-Darstellung von Johann Martin Schmidt (Kremser Schmidt – um 1800) von Interesse sein. Die 1661 vollendete Sakramentskapelle bot dem Grafen Orsini-Rosenberg eine letzte Ruhestätte.
Domplatz

Europapark
Bei 30° im Schatten kennt der Klagenfurter nur ein Ziel: das Strandbad im Europapark. Denn mit 40 000 qm Liegewiese ist es eines der größten in ganz Österreich. Dabei ist das Strandbad nur eine Facette des riesigen Europaparks am Wörther See. Dort finden Sie einen Bootsverleih, eine Wasserskischule, einen Campingplatz, Ententeiche, Vogelgehege, geologische Lehrpfade, Springbrunnen und Anlagen mit botanischen Raritäten, eine historische Pferdebahn, eine Großschachanlage und die Plastiken und Skulpturen eines Bildhauersymposions von 1968 und 1969. Kein Wunder also, daß dieses abwechslungsreiche Erholungsgelände nicht nur von Urlaubern, sondern vor allem von Einheimischen gern besucht wird.

KLAGENFURT

SEHENSWERTE ORTE UND AUSFLUGSZIELE

Die Geburtsstadt
von Ingeborg Bachmann
und Robert Musil
wirkt nur auf den ersten Blick
etwas nüchtern

KLAGENFURT

KLAGENFURT

SEHENSWERTE ORTE UND AUSFLUGSZIELE

Heiligengeistkirche ■ c 2/c 3
Mit der erstmaligen Erwähnung 1355 zählt die ursprünglich gotisch angelegte Kirche mit dem Doppel-Zwiebelturm zu den ältesten Gotteshäusern Klagenfurts. 1563–1600 wurde der Bau von Protestanten beansprucht. Bis zum 18. Jh. verblieb die Kirche im Besitz der Landstände, woran noch heute zahlreiche Wappen, darunter auch jenes von Kärnten, im Inneren des Gotteshauses erinnern. Ebenfalls sehenswert ist der Rokoko-Hochaltar mit einem Bild von Lorenz Glaber (1635).
Heiligengeistplatz

Kramergasse ■ c 3/d3
Wo einst die ältesten Siedlungen Klagenfurts errichtet wurden, verführen heute Boutiquen, Geschäfte, Cafés und Restaurants zu Vergnügungen der Gegenwart. An Vergangenes gemahnen allerdings das originelle »Wörther-See-Mandl« (Ecke Kramergasse/Renngasse), hübsche Arkadengänge sowie zahlreiche Jugendstil-Fassaden.

Kreuzbergl
Dieser Naturpark ist Teil des Falkenberges und wurde 1850 angelegt. In der grünen Lunge Klagenfurts tummeln sich auf markierten Wander- und Spazierwegen von insgesamt 65 km Länge Jogger, Wanderer und Spaziergänger. Sollten Sie dort ebenfalls kulturellen Ausgleich suchen, lassen Sie sich nicht von einem Besuch des **Bergbaumuseums** abhalten. Die nahe gelegene **Volkssternwarte** erlaubt fast den sprichwörtlichen Griff nach den Sternen, und der **Botanische Garten** bringt Raritäten der Kärntner Flora, z.B. die Wulfenia, zum Erblühen. Kunstfreunde werden es nicht versäumen, der **Kreuzberglkirche**, die besonders wegen ihrer zahlreichen Fromiller-Gemälde geschätzt wird, einen Besuch abzustatten.
Bergbaumuseum
(→ Museen)
Volkssternwarte
Sommer Mi und Fr nach Einbruch der Dämmerung
Kontaktadresse: Villacher Str. 239
Tel. 04 63/2 17 00
Botanischer Garten (Alpengarten)
Kinkstr. 6
Mai–Sept. Mo–Do 9–18, Fr 9–13 Uhr (bei Bedarf bis 16 Uhr)

Landhaus ■ c 2/c 3
Anstelle der 1514 niedergebrannten Burg der Landstände wurde um 1574 das Landhaus errichtet, das seitdem als repräsentativster Profanbau der Stadt gilt. Das Renaissancegebäude mit den beiden imposanten Giebeltürmen ist Kunstkennern aufgrund seiner großzügigen Freitreppen und der anmutigen Arkadengalerien ein Begriff. Heraldiker wissen in den beiden Wappensälen, die zudem mit historischen Wand- und Deckengemälden von Josef Ferdinand Fromiller und Switbert Lobisser aufwarten, 963 Embleme der einstigen Landstände zu schätzen.
Zwischen Heiligengeistplatz und Altem Platz
1. April–30. Sept. Mo–Fr 9–12 und 13–18 Uhr

Lendkanal ■ a 3/a
Der ehemalige Transportkanal dient heute nur noch Freizeitvergnügungen. Sie können mit der »Lorelei«, dem Lendkanal-Motorschiff, eine Fahrt in Richtung Loretto unternehmen oder das Gewässer mit dem Boot befahren.
Schiffsausflug
Ausgangspunkt: Lendhafen-Klagenfurt
Villacher Str.
Auskunft
Lendkanal-Schiffahrt

KLAGENFURT

St. Veiter Str. 31
Tel. 04 63/2 11 55
Bootsverleih
Am Ende des Kanals, Nähe Campingplatz

Minimundus
Gemeinsam mit einem Reptilienzoo und einem Planetarium bildet die kleine Welt von Minimundus das Herzstück des Erholungsgebietes Europapark (→ Mit Kindern unterwegs).

Neuer Platz ■ c 3/d 3
Auf dem ehemaligen Exerzierplatz der Kärntner Feudalherren befindet sich der von Ulrich und Andreas Vogelsang in den Jahren 1582–90 aus einem einzigen Chloritschieferblock gehauene **Lindwurm** – eine Nachbildung jenes sagenhaften Steinmonsters, das ehedem die Sümpfe vor der Stadt unsicher machte. Reglos steht es da und speit unaufhörlich Wasser – übrigens in Richtung eines keulenschwingenden Herkules, der darüber wacht, daß sich das Ungetüm auch ja nicht von der Stelle rührt.

Nicht weniger attraktiv das 1582 errichtete **Rathaus**. Während Erker sowie Portal der Renaissance zuzuordnen sind, dürfte die gediegene doppelläufige Stiege im Inneren auf das 16. Jh. zurückgehen. Vis-à-vis vom Rathaus wacht das Bronzemonument der Kaiserin Maria Theresia über das Geschehen auf dem Neuen Platz.

Stadtpfarrkirche ■ c 2
Auf den Grundfesten der heutigen Stadthauptpfarrkirche, so der offizielle Name, ruhte einst Klagenfurts älteste Kirche, die 1255 erstmals urkundlich erwähnte Marienkirche. Feuersbrünste und Erdbeben setzten ihr allerdings so zu, daß sie abgerissen werden mußte. 1692 erfolgte die Grundsteinlegung für ein neues Gotteshaus. Die dem hl. Egyd geweihte Kirche hat reiche Kunstschätze: Deckenfresko von Josef Ferdinand Fromiller, Deckengemälde von Joseph Mölkh, eine

Die Embleme der einstigen Landstände in den Wappensälen des Landhauses

prächtige spätbarocke Kanzel sowie zahlreiche Grabsteine aus dem 16.–18. Jh. Wegen des phantastischen Panoramablicks auf Klagenfurt von dem knapp 92 m hohen Turm gehört die Stadtpfarrkirche zu den wichtigsten Zielen eines Stadtrundgangs.
Pfarrplatz

Museen

Bergbau-Museum
Erzproben, Grubenlokomotiven, Hunte sowie bergmännisches Gezähe (Werkzeug) erzählen in einem ehemaligen, 500 m langen Luftschutzstollen im Kreuzbergl vom historischen und vom gegenwärtigen Kärntner Bergbau.
Kreuzbergl
Kinkstr. 6
Mai–Sept. tgl. außer Fr nachmittags 9–18 Uhr

Diözesanmuseum ■ d 4
Das größte Diözesanmuseum Österreichs birgt neben wertvollen Handschriften, Plastiken und Reliquien vor allem zwei Kostbarkeiten: die Magdalenenscheibe, jenes älteste österreichische Glasgemälde, dessen Entstehung bis 1170 zurückverfolgt werden kann, und das volkskundlich bemerkenswerte Fastentuch aus Steuerberg.
Haus am Dom
Lidmanskygasse 10
Tgl. außer So 10–12 und 15–17 Uhr

Kärntner Landesgalerie ■ d 3
Die Räumlichkeiten, die bis in die Mitte des 18. Jh. den Kärntner Burggrafen als Residenz dienten, beherbergen heute eine repräsentative Sammlung Kärntner Malerei des 19. und 20 Jh. Unter den vertretenen Künstlern finden sich Namen wie Arnulf Rainer, Maria Lassnig, Kiki Kogelnik und Günther Domenig.
Burggasse 8
Mo, Di, Do 9–16, Mi, Fr 9–18, Sa, So und feiertags 10–12 Uhr

Koschatmuseum ■ d 5
Thomas Koschat (1845–1914), dem Kärntner Liederfürsten, dessen volkstümliche Gesänge auch über die Landesgrenzen hinaus bekannt sind, hat Klagenfurt ein eigenes Museum mit Partituren, Briefen und Erinnerungsstücken gewidmet.
Viktringerring 17
15. Mai–15. Okt. Mo–Sa 10–12 Uhr

Die dem hl. Egyd geweihte Stadtpfarrkirche ist eine der wichtigsten Sehenswürdigkeiten Klagenfurts

KLAGENFURT

Landesmuseum für Kärnten ■ e 4
Urlauber, die sich auch nur einen vagen Eindruck von ihrem Gastland verschaffen wollen, werden um einen Besuch in Kärntens umfassendstem Museum nicht herumkommen. Die Schwerpunkte der Sammlungen, die in einem palaisähnlichen, im Stil der Neorenaissance gehaltenen Gebäude untergebracht sind, reichen von prähistorischen und archäologischen Funden über kunsthistorische Raritäten bis hin zur Volkskunde. Eine umfangreiche Mineraliensammlung sowie eine anschauliche Darstellung der heimischen Tierwelt ergänzen die naturwissenschaftliche Richtung des Museums.
Museumgasse 2
Di–Sa 9–16, So 10–13 Uhr

Robert-Musil-Museum
Lebendige Literaturgeschichte erfährt der Besucher hier anhand von persönlichen Gebrauchsgegenständen des Kärntner Romanciers. Neben allen Erstausgaben seiner Werke zeigt man auch sämtliche Originalfotos und Dokumente Musils. Mit einem Wort: den gesamten Nachlaß. Der an Literatur interessierte Besucher sollte sich viel Zeit lassen.
Bahnhofstr. 50
Mo–Fr 10–12 sowie nach tel. Vereinbarung während des jährlich im August stattfindenden »Internationalen Robert-Musil-Sommerseminars«

Essen und Trinken

À la Carte ■ a 1
Wenn Sie in Klagenfurt gediegen speisen möchten, dann gibt es nur eine Adresse: Lassen Sie sich vom »Koch des Jahres 1992«, Harald Fritzer, in seinem kleinen Restaurant mit exquisiten Leckereien der regionalen und internationalen Küche »einkochen«. Was dort auf Drei-Hauben-Niveau geboten wird, ist mehr als außergewöhnlich.
Khevenhüllerstr. 2
Tel. 04 63/51 66 51
Reservierung nötig
So, Mo, Karwoche und 4 Wochen im Sommer geschl.
Obere Preisklasse

5er ■ c 3/c 4
Mitten in der Stadt und doch im Grünen. Unter diesem Motto verwöhnt man hier die Gäste mit einem prachtvollen Garten und einer Melange aus Kärntner und italienischen Spezialitäten.
Kaufmanngasse 5
Tel. 04 63/5 47 89
Sa, So geschl.
Mittlere Preisklasse

Lido
Mit Blick auf den Wörther See erlesene Gerichte zu kosten, ist sicherlich kein alltägliches Vergnügen. Zudem hält die Küche, was die exklusive Speisekarte verspricht. Und das hat nun einmal seinen Preis. Dafür delektiert man sich an Köstlichkeiten wie Mousse vom geräucherten Aal oder zartem Rinderfilet in Schalotten-Rotweinsauce.
Friedelstrand 1
Tel. 04 63/26 17 23
Di geschl.
Obere Preisklasse

Moser-Verdino ■ d 3/d 4
Ob süße Verführungen zum Kaffee, kleine Imbisse oder ein angenehmer Tagesausklang an der Cocktailbar, das sympathische Café des gleichnamigen Hotels ist für alle Gelegenheiten gerüstet. Im Sommer treffen sich die Einheimischen am liebsten im reizenden Garten.
Domgasse 2
Tel. 04 63/5 78 78

KLAGENFURT

SEHENSWERTE ORTE UND AUSFLUGSZIELE

Musil ■ c 3/c 4
Haben die Klagenfurter Lust auf gutösterreichische Kaffeehausatmosphäre, so pilgern sie ins »Musil«. Hier, in einer der berühmtesten österreichischen Konditoreien, trifft man sich zu einem Plausch, liest Zeitung und kostet bei einem Großen Braunen von den frischen Torten, Kuchen und anderen süßen Köstlichkeiten. Ein Hort der gepflegten Entspannung.
10.-Oktober-Str. 14
Tel. 04 63/51 16 60

Pisl
Frigga, Ritschert, Maischerl oder einen frischen Reinling – all diese Kärntner Köstlichkeiten verkostet man am besten in einem echten, urigen Bauernwirtshaus. Und genau das ist der Pisl in Krumpendorf am Wörther See: holzgetäfelte Stuben, einfache, saubere Einrichtung und eine ordentliche Küche, bei der Kalorienbedenken besser einmal Pause machen sollten.
Görtschach 5
9201 Krumpendorf (von der B 83 Abfahrt Wölfnitz)
Tel. 0 42 29/27 94
Di, Mi geschl.
Untere Preisklasse

Pri Joklnu ■ c 3/c 4
In diesem österreichisch-slowenischen Künstlercafé, kurz »Bierjockel« genannt, wird man nur auf vereinzelte Urlauber, dafür aber auf um so mehr heftig diskutierende Einheimische stoßen. Neben der kulinarischen Völkerverständigung hegt und pflegt man hier Kärntner Schmankerl wie Kasnudeln oder slowenische Spezialitäten, z.B. Raznici oder Kishe Juha (Saure Suppe). In dem gemütlichen Ambiente des holzgetäfelten Hinterzimmers gibt es gelegentlich Live-Musik.
10.-Oktober-Str. 21
Tel. 04 63/51 45 61
So geschl.
Untere Preisklasse

Eine berühmte österreichische Konditorei – das Kaffeehaus Musil

KLAGENFURT

Pumpe vulgo
zum Großglockner ■ c 4/e 4
Schon alleine das urige, gemütliche Ambiente dieses Bierlokals wäre Grund genug für einen Besuch. Doch die zahlreichen – vorwiegend einheimischen – Gäste schätzen hier vor allem die ehrliche Hausmannskost. Dazu darf ein Glas gepflegtes Bier selbstverständlich nicht fehlen.
Lidmanskygasse 2
Tel. 04 63/5 71 96
Sa ab 14 Uhr, So und feiertags geschl.
Mittlere Preisklasse

Rote Lasche ■ a 4/b 3
Im originellsten Speiselokal Klagenfurts widmet sich die Küche vor allem der ernährungsbewußten Vollwertkost, wenngleich auch herkömmliche Gerichte auf der Karte stehen. Polentapizza, frische Salate und Gemüsespezialitäten sind nach wie vor Dauerbrenner bei der meist intellektuellen Gästeschar.
Villacher Str. 10
Tel. 04 63/51 20 59
Sa ab 15 Uhr, So geschl.
Untere Preisklasse

Zirbenstüberl
Den Weg in den Westen von Klagenfurt finden vorwiegend jene Feinschmecker, die Gusto auf regionale Küche der feineren Art haben. Neben Kärntner Nudelspezialitäten locken in dem gepflegten Lokal aber auch kalorienbewußtere Genüsse, wie etwa ein üppiges Salatbuffet.
Luegerstr. 26
9010 Waidmannsdorf
Tel. 04 63/26 11 20
Mo, Ostern geschl.
Mittlere Preisklasse

Einkaufen

Alter Platz ■ c 2/d 2
In der belebten Fußgängerzone rund um den Alten Platz findet der kauflustige Urlauber eigentlich alles, was gut und – nicht selten – teuer ist. In den Sommermonaten erschweren Kunstgewerbler mit ihren fliegenden

Frisches Obst und Gemüse aus der Umgebung Klagenfurts gibt es auf den Märkten

SEHENSWERTE ORTE UND AUSFLUGSZIELE

Ständen für Korbwaren, Modeschmuck, Email- und Tonwaren zusätzlich die Qual der Wahl.

Benediktinerplatz ■ c4
Auch wenn Sie keine festen Kaufabsichten hegen, einen Marktbesuch sollten Sie sich nicht entgehen lassen. Am besten kommen Sie donnerstags oder samstags am Vormittag. Dann bieten auch Bauern aus der Umgebung frische Waren feil.

Jäger's Weinkeller
Schlichtweg das Paradebeispiel einer gepflegten Vinothek mit hundertjährigem Gewölbe. Neben einer üppigen Auswahl bester österreichischer Weine gibt's hier auch feines Hochprozentiges und jede Menge Weinutensilien zu erstehen. Im dazugehörigen Delikatessenladen kann man für die nötige »Unterlage« sorgen.
Beethovenplatz
Verkauf: Do und Fr 16–19 Uhr sowie während der Geschäftsöffnungszeiten im Delikatessenladen

Kärntner Heimatwerk ■ c2
Hier findet man gediegenes, unverfälschtes Kunsthandwerk aus allen Sparten: Trachtenmode, Webarbeiten, Bauernmalereien und viele Mitbringsel wie Gewürzsträußchen, Hinterglasbilder oder Lavendelhexen.
Herrengasse 10–12

Kärntner Holzspielzeug
Haltbares Spielzeug für die Kleinen.
St.-Peter-Str. 46

Klagenfurter Messe ■ c6
Bei der jährlich im August stattfindenden (Kärntner) Leistungsschau trifft man nicht nur einschlägig Interessierte, sondern auch jene Kärntner aus der näheren und weiteren Umgebung, deren Stimmungsbarometer auf »Feiern« steht.
Messegelände
Rosentaler Str.

Noricum Arts
Schmuckdesign ■ f3
Guido Kapsch, ein Goldschmied ganz anderer Art, hat sich mit Erfolg auf die Nachbildung keltischer Pretiosen spezialisiert. Für seine Entwürfe aus Silber und hiesigen Edelsteinen wurde er bereits mit zahlreichen Auszeichnungen geehrt.
Kumpfgasse 26

Stroh-Spirituosen
Einmal nicht auf Pappschildern am Straßenrand, sondern hautnah gibt's die allseits bekannte Rum-Flasche direkt am Erzeugungsort zu unglaublich günstigen Preisen. Ehe man sich mit Edelbränden, Likören oder Jagatee eindeckt, sollte man vielleicht auch etwas Zeit für eine Werksführung erübrigen.
Anmeldung:
Strohgasse 6
Tel. 04 63/28 18 60
Mo–Do 7.30–12, 12.30–16 Uhr, Fr 7.30–12 Uhr

Vinothek Sussitz ■ a
Hier wird der schlagende Beweis dafür geliefert, daß Österreich in punkto Wein durchaus mithalten kann. Raritäten sowie echte »Dauerbrenner« österreichischer Spitzenwinzer werden auch Sie überzeugen.
Sterneckstr. 1
Mo–Fr 9–12.30, 15–18.30 Uhr

Am Abend

Während der Sommermonate verlagert sich das Klagenfurter Nachtleben nach Westen, liegt doch die österreichische Riviera mit ihrem nächtlichen Treiben unmittelbar vor der Haustür. So strömt alles hinaus an den **Wörther See**, nach Pört-

KLAGENFURT

schach, das mit seinem Monte-Carlo-Platz als Mittelpunkt des Nachtlebens gilt, und nach **Velden**, z. B. in das dortige Casino. Perfekte Unterhaltung wird während des Veldener Karnevals geboten, der einmal im August die Strandpromenade für 24 turbulente Stunden in brasilianische Copacabana-Atmosphäre taucht.

Kamot ■ e 5/e 6
Jazz- und Blueskeller, zeitweise auch Live-Musik-Abende.
Bahnhofstr. 9

Lemon ■ c 2
Café-Cocktailbar für einen ersten Flirt.
Pfarrplatz 20

Operettensommer ■ c 2
Während der Sommermonate (Juli, August) frönt das Stadttheater Klagenfurt ausschließlich der leichten Muse.
Theaterplatz 4
Tel. 04 63/5 48 91-0
Kartenvorverkauf Di–Sa 9–12 und 17–19 Uhr

Scotch ■ c 2
Diskothek für diejenigen, die gerne Nächte durchtanzen.
Pfarrplatz 20

Zum Augustin ■ c 2
Ein bodenständiges Bierlokal mit schönen, schweren Holztischen, Gastgarten, gepflegten Bieren und gutbürgerlicher Kärntner Küche, das sicherlich nicht nur Urbayern gefällt.
Pfarrhofgasse 2
Tel. 04 63/51 39 92
Sa ab 14 Uhr, So geschl.
Untere Preisklasse

Zum Winzer-Stadtheurigen ■ c 5/c 6
Urlauber, die ein gemütliches Plauderstündchen schätzen, werden hier bestens bedient.
St.-Ruprechter-Str. 26

Service

Auskunft
Fremdenverkehrsamt der Stadt
Klagenfurt ■ c 3
Rathaus
Neuer Platz
Tel. 04 63/53 72 23, Fax 53 72 95
Kärntner Tourismus GmbH ■ D 4
Casinoplatz 1
9220 Velden
Tel. 04 274/5 21 00, Fax 5 21 00 50
Landesfremdenverkehrsamt
Kärnten ■ c 3/c 4
Kaufmanngasse 13
Tel. 04 63/5 54 88, Fax 5 54 88 10

Autovermietung ■ a 4/b 3
Hertz
Villacher Str. 4
Tel. 04 63/5 61 47

Jugendherbergsverband ■ f 3/f 4
Kumpfgasse 20/II.
Tel. 04 63/5 49 75

ÖAMTC-Pannenhilfe
Tel. 1 20

Polizei/Notruf
Tel. 1 33

Rettung/Notruf
Tel. 1 44

Taxi
Tel. 3 11 11 und 28 11 11

Touristen-Zentrum Europapark
Villacher Str. 235
Tel. Mai–Sept. 04 63/2 36 51

Ausflugsziele

Herzogstuhl ■ D 4

Im Zollfeld nördlich von Klagenfurt gelegener einzigartiger Stein-Doppelsitz aus dem 14. Jh., auf dem die Kärntner Herzöge nach ihrer Krönung die Huldigung des Volkes entgegennahmen.

Karnburg ■ D 4

Am Fuße des Ulrichsberges, des Mons Carantanus, auf dem man heute die Fundamente eines keltisch-römischen Tempels sowie die St.-Ulrich-Kirche aus dem 15. Jh. besichtigen kann, liegt die Ortschaft Karnburg, die dem Land einst den Namen gab. Die bereits 927 erwähnte Kirche birgt ein schönes vorromanisches Relief.

Magdalensberg ■ D 4

Als ein Bauer hier im Jahre 1502 beim Pflügen die berühmte Bronzestatue eines Jünglings fand, ahnte er nicht, daß er mit seinem Fund den Grundstein für eine der imposantesten keltisch-römischen Ausgrabungsstätten legen würde. Heute zeigt das terrassenförmig angelegte Freilichtmuseum neben dem vielzitierten »Jüngling vom Magdalensberg« Reste einer keltisch-römischen Bergsiedlung. Da die Häuser, Geschäfte und Fundgegenstände auf äußerst liebevolle und lebendige Art rekonstruiert wurden, ergibt sich ein fazinierendes, eindrucksvolles Bild des Alltags vor über 2 000 Jahren. Rund 100 m weiter, direkt auf dem Gipfel des Magdalensbergs, bietet das Gipfelhaus Skorianz neben einer traumhaften Aussicht echte Kärntner Köstlichkeiten.
Museum Mai–Okt. tgl. 8–18 Uhr

Maria Rain ■ D 4/D 5

Prächtige barocke, doppeltürmige Wallfahrtskirche, die im Rosental, dem Drauabschnitt östlich von Villach, weithin sichtbar ist. Mehr als 100 m unter dem Gotteshaus erstreckt sich der Ferlacher Stausee.

DER BESONDERE TIP

Maria Loretto An lauen Sommerabenden zieht es die Klagenfurter zum Lustschloß des Grafen Johannes Orsini-Rosenberg, erbaut 1652 an einem der schönsten Fleckchen am **Wörther See** und 1688 zu einer imposanten Schloßanlage italienischer Prägung erweitert. Leider ist das nach einem Brand wiedererrichtete Gebäude nur ein nüchternes Überbleibsel der früheren architektonischen Vielfalt. Trösten Sie sich dafür mit einem Besuch des **Restaurants Maria Loretto** auf einer der schönsten Seeterrassen des Wörther Sees. Lorettoweg 54, Tel. 04 63/2 44 65, Mittlere Preisklasse ■ D 4

KLAGENFURT

Der spätgotische Dom von Maria Saal war im Mittelalter Ziel vieler Wallfahrer

Maria Saal ■ D 4

Stattliche spätgotische, doppeltürmige Wallfahrtskirche, die vor allem wegen eines römischen Reliefsteines, der eine Postkutsche zeigt, weltweit berühmt ist. Ein Freilichtmuseum gewährt Einblick in das bäuerliche Leben.
1. Mai–30. Sept. tgl. 10–18 Uhr, bis 26. Okt. 10–16 Uhr

Pyramidenkogel ■ E 4

Nach kurzer Fahrt mit dem Aufzug bietet sich auf dem 54 m hohen Turm ein Panorama, das an klaren Tagen über die Karawanken bis zu den Lienzer Dolomiten reicht.
Mai–Okt. 10–18 Uhr,
15. Juni–15. Aug. bis 22 Uhr

Viktring ■ D 4

Einst ein mächtiges Bollwerk mit festen Mauern, Gräben und Türmen, gilt das ehemalige Zisterzienserkloster in einem Vorort Klagenfurts heute als eindrucksvolles kunsthistorisches Denkmal burgundischer Gotik. Inmitten der 1142 gegründeten Stiftsanlage, die aber seit ihrer Auflösung 1786 verfiel, birgt die romanische Basilika drei um 1400 datierte gotische Chorfenster. Ebenso beachtenswert sind der fünfgeschossige frühbarocke Hochaltar sowie Grabsteine aus dem 13. Jh.

Essen und Trinken

Forellenschenke
Südlich von Klagenfurt gelegen, ist dieses idyllische Restaurant ein Hort der Ruhe und Entspannung. Der Forellenteich liegt gleich vor der Haustür. Kärntner und italienische Spezialitäten, rustikales Ambiente sowie eine traumhafte Terrasse mit Holzkohlengrill werden geboten.
Von Klagenfurt Richtung Viktring auf der Rosentaler Str. links abbiegen in die Rotschitzenstr. bis Abzweigung Polsterteichweg
Polsterteichweg 1
9073 Viktring

Die Badeorte am Wörther See haben einen ganz besonderen Reiz

Tel. 0463/281149
Ab Sept.–Mai Mo geschl., im Sommer durchgehend geöffnet
Mittlere Preisklasse

Am Abend

151
Ein französisches Bistro mit italienischem Flair, und das mitten in einem Klagenfurter Vorort. Eine kulinarische Mischung, die in gemütlicher Umgebung einen angenehmen Abend verspricht. Wenn Sie Glück haben, serviert man Ihnen dazu einen kurzen Blick auf die ein oder andere Filmprominenz, die sich die Drehpausen am Wörther See gerne hier verkürzt.
Höhenweg 151
9073 Viktring
Tel. 0463/281653
Sa geschl.

Wörther See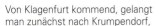

Von Klagenfurt kommend, gelangt man zunächst nach Krumpendorf, wo sich neben guten Wandermöglichkeiten auch Abstecher zu drei bemerkenswerten Renaissanceschlössern anbieten: **Drasing**, **Hallegg** und **Hornstein**. Im elegant-elitären Nachbarort **Pörtschach** locken schattige Buchten zum Baden, ehe man sich abends im Trubel des »Bermuda-Dreiecks«, wie das Amüsierviertel genannt wird, treiben läßt.

Vorbei an **Ruine** und **Schloß Leonstein**, in dessen Arkadenhof ein Denkmal an Johannes Brahms erinnert, der hier gerne und häufig zu Gast war, erreicht man schließlich **Velden**. Dieses Touristen-Eldorado ist mit Spielcasino, Strandpromenade sowie zahlreichen Ausflugs- und Wandermöglichkeiten, auf den Großen Sternberg oder zur Römerschlucht, sicherlich einer der lebhaftesten Orte am See. Gemütlich empfängt statt dessen das Südufer seine Gäste, die hier genug Muße haben, um **Maria Wörth**, einen der schönsten Wallfahrtsorte Kärntens, aufzusuchen. Der unvergleichlich malerischen Lage am

Glitzerndes Casinoambiente in Velden

Wasser sowie kunsthistorischen Prunkstücken, wie der spätgotischen Madonna und den barocken Schnitzaltären, verdankt Maria Wörth seinen Ruf.

Am Abend

Casino Velden
Dabei sein ist alles. Auch wenn Sie nicht gleich die Bank sprengen, ein unterhaltsamer Abend ist Ihnen in dem kühn-modernen Casino sicher. Und wenn es gar nicht klappen sollte, trösten Sie sich in dem angeschlossenen Restaurant mit einem gepflegten Dinner.
Am Corso
9220 Velden
Tgl. ab 15 Uhr
Eintritt 210 öS, wofür Sie Jetons im Wert von 250 öS erhalten.

Die Kutsche
Einer gastronomischen Co-Produktion des Regisseurs vom »Schloß am Wörther See« und dessen Produzenten verdankt Velden ein neues Haubenlokal. Klar, daß sich da neben kulinarischen Hauptdarstellern, wie Speckrösti und Risotto, auch so mancher leibhaftiger Mime tummelt.
Göriacher Str. 2
9220 Velden
Tel. 0 42 74/29 46
Reservierung nötig
Nur abends geöffnet
Obere Preisklasse

Rainer's Bar
Barflies schätzen Rainer Husar als besten Barkeeper Österreichs. Auf jeden Fall ist er einer der prominentesten, weswegen sich in den Sommermonaten hier die Schickeria die Klinke in die Hand gibt.
Monte-Carlo-Platz 1
9210 Pörtschach
Tgl. ab 18 Uhr

Tschernitz
Das Wörther See-Südufer hat nicht viele empfehlenswerte Lokale. Eines der absolut verläßlichen ist hingegen dieser gemütliche Gasthof mit Garten. Wählen Sie, je nach Saison, Flußkrebse, Pfifferlinge oder hausgemachte Gnocchi von der kleinen, aber feinen Speisekarte.
Süduferstr. 12
9220 Velden-Auen
Tel. 0 42 74/30 00
Ende Okt.– Mitte Dez. und Mitte Jan.– Mitte Apr. geschl.

DER BESONDERE TIP

Wörther-See-Schiffahrt Warum das Auto nicht einmal gegen einen veritablen Dampfer eintauschen? Immerhin zählt eine Rundfahrt auf einem der schönsten Alpenseen sowieso zum Pflichtprogramm für jeden Kärnten-Urlauber. Ob in einer kühlen Brise am Nachmittag, bei einer Frühschoppen- oder Mondscheinfahrt – das Vergnügen ist ganz auf Ihrer Seite. Anlegestellen: Klagenfurt/See, Krumpendorf, Sekirn, Reifnitz, Maria Wörth, Pörtschach, Dellach und Velden. Auskunft Tel. 04 63/2 11 55

SPITTAL AN DER DRAU

Schloß Porcia hat Spittal weit über Kärntens Grenzen hinaus bekannt gemacht. Doch das Renaissanceschloß ist nicht die einzige Attraktion der Stadt...

Spittal an der Drau
■ B 4/C 4

Autofahrern braucht man Spittal nicht groß vorzustellen – auf der Route von und nach Italien führt kein Weg an der 5 000 Einwohner zählenden Kleinstadt vorbei. Seit der Fertigstellung der Tauernautobahn wird das Ortszentrum zwar großräumig umfahren, doch Zu- und Abfahrten im Großraum Spittal machen die Stadt weiterhin zur verkehrsstrategischen Drehscheibe zwischen Ost und West, Nord und Süd.

Renaissance-Juwel

Kunstliebhaber schätzen an Spittal, das auf ein 1191 gegründetes Krankenasyl für Reisende und Pilger zurückgeht, jedoch ein ganz besonderes Kleinod: **Schloß Porcia**, eines der eindrucksvollsten Renaissanceschlösser Mitteleuropas. Wer etwa im weitläufigen Schloßpark Rast bei einer Tasse Kaffee macht, oder sich im Alleenschatten ergeht, wird spüren, daß hier der Süden nicht mehr so weit ist. Schloß Porcia könnte, wie es ist, auch in Udine oder Padua stehen, so luftig und voller Italianità ist es, mit seinen prachtvollen Laubengängen, den Balkonen, von denen man jeden Moment glaubt, daß Julia ihrem Romeo zuwinken könnte. Was übrigens gar nicht ausgeschlossen wäre, finden hier doch alljährlich die berühmten Festspiele mit Theater- und Ballettabenden statt.

Arkadengänge voller Italianità: Schloß Porcia

SPITTAL AN DER DRAU

Hotels und andere Unterkünfte

Alte Post
Direkt im Zentrum Spittals gelegen, bietet das gutbürgerliche Hotel ruhige Komfortzimmer. In der gemütlichen Gaststube kann der Reisende Kärntner und österreichische Spezialitäten kosten.
Hauptplatz 13
Tel. 0 47 62/22 17, Fax 51 25 57
40 Zimmer
Mittlere Preisklasse

Ertl
Gemütliches rustikales Hotel in der Nähe der Goldeckbahn. Den Gästen stehen Freischwimmbad, Kinderspielplatz und Liegewiese zur Verfügung.
Bahnhofstr. 26
Tel. 0 47 62/20 48, Fax 2 04 85
40 Zimmer
Mittlere Preisklasse

Jugendherberge
Direkt gegenüber der Goldeckbahn gelegen, hat die Jugendherberge 49 Betten.
Anmeldung: Burgplatz 1
Tel. 0 47 62/32 52
16. Nov.–14. Dez. geschl.
Untere Preisklasse

Spaziergang

Wenngleich Spittal vielleicht nicht mit einer großen Zahl von Sehenswürdigkeiten aufwarten kann, so übt doch die Stadt, insbesondere der alte Kern, einen unvergleichlichen Zauber aus. Überzeugen Sie sich davon auf einem Spaziergang. Beginnen Sie den Rundgang vor dem **Schloß Porcia**, dem Renaissance-Juwel der Stadt. Wenn Sie den Burgplatz überqueren, gelangen Sie zum **Rathaus**. Rathaus-, Bernhardt-, Siebenbürger- und Ebnergasse bilden ein Karree mit hübschen Bauten aus dem 16.–19. Jh. Über die Siebenbürgergasse gelangt man direkt auf den **Hauptplatz**, der mit seinen dreigeschossigen Häusern, deren Baukern zumeist aus dem 16. Jh. stammt, ein sehenswertes Ensemble darstellt.

Die Fortführung des Hauptplatzes, die Brückenstraße, führt Sie über die Lieser zur Trojerkaserne. An dieser Stelle befand sich vor 800 Jahren ein von dem Grafen von Ortenburg gegründetes Spital, das der Stadt den Namen gab. Haben Sie auf dem Rückweg den Fluß hinter sich gelassen, so biegen Sie nach links in die Bogengasse ein mit ihren guterhaltenen Altbauten und der Pfarrkirche. Der Kirchgasse folgend, gelangen Sie wieder zum Ausgangspunkt des Spaziergangs zurück. Das Café in Schloß Porcia freut sich auf Ihren Besuch.

Sehenswertes

Petzel-Kaserne
Mehr als 130 Jahre hindurch galt das 1780 im spätbarocken-josephinschen Stil erbaute Gebäude als Mekka der Spittaler Biertrinker, da man hier ausgezeichneten Gerstensaft braute. Als eine Gebirgshaubitzen-Batterie 1913 hier Quartier machte, war damit endgültig Schluß. Die Fassade dieses Hauses mit ihren Pilastern, Masken und opulenten Stukkaturen ist sehenswert.
Bogengasse 3

Pfarrkirche Mariae Verkündigung
Das im 13. Jh. erbaute Gotteshaus mit seinen romanischen, gotischen und barocken Stilelementen wurde von Bränden, Erdbeben und baulichen Veränderungen derart in Mitleidenschaft gezogen, daß die Kirche im 20. Jh. von Grund auf restauriert werden mußte. Trotzdem bleibt sie

Spittal an der Drau

sehenswert, allein wegen des Steinreliefs von 1418, der Steingußpietà aus dem 15. Jh. und der Grabsteine in der Außenseite.
Kirchgasse

Rathaus
Eine gewisse architektonische Ähnlichkeit mit dem gegenüber liegenden Schloß Porcia kann dem ehemaligen Amtshaus der Grafschaft Ortenburg nicht abgesprochen werden. Vermutlich wurde es von demselben Baumeister geschaffen. Sehenswert sind das eindrucksvolle Portal, die Wappen an der Fassade sowie die Fresken (um 1600) im Innern.
Rathausgasse

Schloß Porcia
Eigentlich müßte dieses Juwel architektonischer Baukunst völlig anders heißen. Denn schließlich verdankt Spittal dem erzherzoglichen Rat und Schatzmeister Freiherr Gabriel von Salamanca eines der imposantesten Renaissanceschlösser nicht nur Österreichs, sondern ganz Mitteleuropas. Dieser Spanier gab 1527 den Bau in Auftrag – wer der Baumeister war, der dem Schloß seinen unvergleichlichen, dem Vorbild toskanischer Paläste nachempfundenen Reiz verlieh, blieb bis heute im dunkeln. Fest steht, daß der Prunkbau 1652 an den Fürsten Johann Ferdinand von Porcia fiel, dessen Name ihm erhalten blieb. Zu den meistbeachteten Details des Schlosses zählen das Portal mit seinem filigranen Relief und den freistehenden Marmorsäulen, der herrliche Innenhof mit seinen Arkaden und Treppenaufgängen sowie die Innenräume, von denen vor allem die Kassettendecke im Ahnensaal besticht. Man könnte sich wohl kaum eine wirkungsvollere Kulisse für kulturelle Veranstaltungen vorstellen. So finden denn auch zahlreiche Festivals wie die **Komödienspiele** (Juli, Aug.), der internationale Chorwettbewerb, aber auch schöne Ballettabende und Burgfeste auf Schloß Porcia statt.
Im Schloßpark
Edlingerstr. 13

Museen

Bezirksheimatmuseum Spittal
Das Prädikat »besonders sehenswert« müßte man nicht nur Schloß Porcia, sondern auch dem im 2. Stock des Schlosses untergebrachten Heimatmuseum verleihen. Es zählt zu den bedeutendsten

Besonders sehenswert: die volkskundliche Sammlung im Bezirksheimatmuseum

SEHENSWERTE ORTE UND AUSFLUGSZIELE

volkskundlichen Sammlungen Österreichs. Liebevoll zusammengestellt, geben die einzelnen Räume einen kompletten Überblick über das einstige bäuerliche und gewerbliche Leben in den Alpen. Zu sehen sind u.a. hölzerne Maschinen, Wirtshauseinrichtungen, ein Marktstand, Rauchkuchl und Almhütten, aber auch Puppen, Masken und Spielzeug.
Schloß Porcia
Edlingerstr. 13
15. Mai–15. Okt. tgl. 9–18 Uhr

Erstes Kärntner Handwerksmuseum

Unmittelbar vor den Toren Spittals wurde am Fuße der Ruine Ortenburg ein Museum zur Erhaltung von 30 alten gewerblichen Werkstätten ins Leben gerufen. Raritäten wie eine Latschenölbrennerei oder eine Hadernpresse veranschaulichen althergebrachte, vorindustrielle Herstellungsweisen.
9805 Baldramsdorf (vor Spittal)
Mitte Mai–Mitte Sept. 9–12 und 14–17 Uhr

Essen und Trinken

Kleinsaßerhof

Die prachtvollen Nockberge, das mittlere Drautal und das zu Füßen liegende Spittal – dieses einzigartige Panorama bietet der hochgelegene Gasthof mit einer Landwirtschaft. Besonders zu empfehlen für Reisende mit Hunden; für die Vierbeiner gibt es sogar »Hundeduschen«. Im Winter stehen Skifahrern zwei hauseigene Lifte zur Verfügung.
Kleinsaß 3
8 km südöstlich von St. Veit
Tel. 0 47 62/22 92
Mo geschl., im Sommer durchgehend geöffnet
Untere Preisklasse

Park-Café

Der ideale Platz, um zwischen Sightseeing und Shopping bei Kaffee und Kuchen wieder neue Kraft zu schöpfen. Im Sommer mit hübscher Terrasse.
Bahnhofstr. 12

Simeter

Man muß schon ein kulinarischer Fährtensucher sein, um diese versteckte gastronomische Oase zu entdecken. Der mitten auf einer Waldwiese gelegene Landhof bietet seinen Gästen neben der idyllischen Lage gute bodenständige Küche, die allerdings nicht allzu deftig ausfällt. Nur wenige Autominuten vom Stadtzentrum entfernt.
St. Sigmund 1
Tel. 0 47 62/47 52
Mo geschl.
Mittlere Preisklasse

Truntschnig & Truntschnig

So wenig der Name dieses Lokals italienisch klingen mag, so sehr setzt man hier auf Italianità. In einer Kombination von Nudelmanufaktur, Vinothek, Café-Bar und Restaurant verwöhnt man die Gäste mit exquisiten italienischen Köstlichkeiten.
Bahnhofstr. 3
Tel. 0 47 62/3 36 67
Reservierung empfohlen
So, Mo geschl.
Mittlere Preisklasse

Zellot

Zentrale Lage und Kärntner Küche der feinsten Art machen dieses gutbürgerliche Haus schon seit langem zum Treffpunkt all jener, die regionale Spezialitäten besonders schätzen.
Hauptplatz 12
Tel. 0 47 62/21 13
So, Mo geschl.
Mittlere Preisklasse

SPITTAL AN DER DRAU

Einkaufen

Geschenktruhe Ertl
Wer sich die Mühe ersparen möchte, seine Mitbringsel mühsam in verschiedenen Läden zusammenzusuchen, ist hier an der richtigen Adresse.
Bogengasse 10

Haus der Jäger
Keineswegs nur auf Jagdutensilien beschränkt sich das Angebot dieses Allround-Geschäftes, das auch Trachtenmoden und Fischereibedarf führt.
Bahnhofstr. 8

Kärntner Heimatwerk
Auch Spittal an der Drau beherbergt eine Filiale dieser erprobten Kunsthandwerk-Boutique
Brückenstr. 10

Trachtenmode Gabriel
Alpenländischer Touch kombiniert mit gediegener Verarbeitung – das ist die Richtlinie der neuen Trachtenmode, die dadurch auch für modisch orientierte Großstädter »tragbar« wird. Diesem Motto hat sich auch die zentral gelegene Trachtenboutique verpflichtet.
Neuer Platz 6

Schuhe Gabor
Hübsches Schuhwerk, ob mit oder ohne Stöckel, bietet die Firma Gabor bei einer Preisreduktion bis zu sechzig Prozent an. Vorausgesetzt, Sie lassen sich mitunter von winzigen Schönheitsfehlern nicht stören.
Villacher Str. 93–95
Mo–Fr 9–18, Sa 9–12 Uhr

Am Abend

Burgschenke Sommeregg
Galt die Festung einst als Zentrum des geheimen Protestantismus, so ist die heute dort ansässige Burgschenke ein Geheimtip für ausgezeichnete ländliche Küche. Genießen Sie an lauen Sommerabenden das traumhafte Panorama vom Burghof aus oder bei weniger gutem Wetter das jahrhundertealte Ritter-Ambiente der eindrucksvollen Räumlichkeiten.
Schloßau 7
9871 Sommerboden
Tel. 0 47 62/8 13 91
Mittlere Preisklasse

Schloß Porcia
Größtenteils unter freiem Himmel finden Jahr für Jahr innerhalb des Renaissanceschlosses viele kulturelle Veranstaltungen statt. Nachdem sich Anfang Juli die besten Sängerinnen und Sänger im Rahmen des **Internationalen Chorwettbewerbs** hervorgetan haben, stehen bis Ende Aug. die **Komödienspiele** auf dem Programm. Das ganze Jahr hindurch ergänzen Konzerte, Ballettabende und Burgfeste das bunte Programm.
Auskunft:
Fremdenverkehrsamt Spittal und Komödienspiele
Tel. 0 47 62/31 61

Service

Auskunft
Fremdenverkehrsamt Spittal
Schloß Porcia
Burgplatz 1
Tel. 0 47 62/34 20, Fax 32 37
Informationshaus Autobahnparkplatz Wolfsbergtunnel
Tel. 0 47 62/8 16 39

SPITTAL AN DER DRAU

Autoverleih
Buchbinder
Tel. 0 47 62/6 17 33

Autoverleih und Abschleppdienst
Tel. 0 47 62/6 18 61

ÖAMTC-Pannenhilfe
Tel. 0 47 62/40 20

Polizei/Notruf
Tel. 1 33

Rettung/Notruf
Tel. 1 44 und 0 47 62/22 00

Taxi
Tel. 0 47 62/20 33 und 34 94

Ausflugsziele

Bad Kleinkirchheim ■ C 4

Eingebettet in die »wanderbare« Welt der Nockberge, hat sich dieser Kurort zu einem modischen Urlaubsort entwickelt, der Winter wie Sommer gleichermaßen beliebt ist. Während in den Sommermonaten vor allem jene Urlauber hier Ferien machen, die die Vorzüge der sanften, nicht allzu strapaziösen Gipfel schätzen, wird man in der weißen Jahreszeit auf begeisterte Skifahrer treffen, die hier ausgezeichnete Bedingungen vorfinden – selbst dann, wenn einmal nicht so üppiger Schnee vorhanden ist, denn Bad Kleinkirchheim verfügt über modernste Kunstschnee-Technologien. Versäumen Sie es nicht, dem malerischen, verträumten Bergbauerndorf St. Oswald (nördlich von Bad Kleinkirchheim) mit seiner sehenswerten spätgotischen Pfarrkirche einen Besuch abzustatten.

Gmünd ■ C 3

Wollen Sie Österreichs einzige Stadt besuchen, die sich noch hinter intakten Stadtmauern verbirgt, so meiden Sie bei der Anfahrt die Autobahn. Sie ließen sich nämlich die prachtvolle Landschaft des Liesertals entgehen. Diese Region hat noch ein zweites großes Plus: großen Komfort für die Kleinen und die Eltern in ihrer Begleitung, (→ Mit Kindern unterwegs). In Gmünd erwartet Sie ferner ein entzückendes mittelalterliches Stadtbild, vorbildlich renovierte Bürgerhäuser, eine sehenswerte Pfarrkirche und das Porsche-Automuseum.

Thermalbad in Bad Kleinkirchheim

SPITTAL AN DER DRAU

Mittelalterliches Ambiente hinter historischen Stadtmauern: Gmünd

SPITTAL AN DER DRAU

Sehenswerte Orte und Ausflugsziele

Museum

Porsche-Automuseum
Hier erfahren Sie alles über den Autokonstrukteur und Unternehmer Dr. Ferdinand Porsche, der in der Stadt sein Konstruktionsbüro unterhielt. 10 Autominuten von Spittal.
Riesertratte 4a
9853 Gmünd
15. Mai–15. Okt. 9–18, 16. Okt.–14. Mai 10–16 Uhr

Goldeck ■ B 4

Im Sommer wie im Winter ist der Hausberg der Spittaler gleichermaßen beliebt. Seilbahnen (direkt vom Stadtgebiet), Sessellifte und eine Mautstraße (ab Zlan) bringen Reisende wie Einheimische ein gutes Stück auf den Zweitausender hinauf. Von der Endstation des Sessellifts sollte der Wanderer im Sommer noch 15 Minuten bis zum Gipfel einplanen. Zahlreiche Wanderungen im weitverzweigten Gipfelbereich laden ein, die herrliche Aussicht auf die Karnischen Alpen und Dobratsch zu genießen. Im Winter tummeln sich die Spittaler liebend gern auf den Skipisten aller Schwierigkeitsgrade.

Lendorf ■ B 4

Die Gemeinde, an deren östlicher Grenze der Holzer Berg liegt (→ St. Peter in Holz), ist Botanikern ein Begriff: Am Westrand des Ortes wächst jene »Wunderblume von Lendorf«, eine gelbe Rhododendron-Art, die sonst nur im Kaukasus vorkommt (Ende Mai bis Anfang Juni).

Millstätter See ■ C

Einen Abstecher zu Kärntens zweitgrößtem See, der jedoch den Wörther See an Tiefe und Wassermenge übertrifft, sollten Sie sich nicht entgehen lassen, schon allein seines Hauptortes **Millstatt** wegen, wo das im 11. Jh. gegründete Benediktinerkloster mit beachtlichen Kunstschätzen beeindruckt. Der See bietet gute Bademöglichkeiten, z. B. in Döbriach am Ostufer, einem bevorzugten Urlaubsziel von Familien mit Kindern, die den feinen Sandstrand besonders schätzen. Wasserratten, die es turbulenter mögen, quartieren sich in **Seeboden** am westlichen Zipfel ein. Kulturbeflissene werden den Weg nach **Treffling** (gotischer Flügelaltar in St. Leonhard) und **Lieseregg** (spätgotischer Altar) nicht scheuen.

Malerische Kulisse in Millstatt am Millstätter See

SPITTAL AN DER DRAU

Hotels

Alpenrose
Österreichs erstes Bio-Hotel ist nicht nur für Gesundheitsbewußte ein wahres Eldorado. In ausschließlich natürlicher Umgebung (auch im Hotel kein Kunststoff) genießt man Fitneß-Programme, Kneippweg, Schwimmbad und eine vernünftige, ausgewogene Kost.
9872 Obermillstatt
Tel. 0 47 66/25 00, Fax 34 25
30 Zimmer
Obere Preisklasse

Post
Die Mitgliedschaft beim Verein »Kinderland Kärnten« garantiert dafür, daß hier die Kleinen keine Nebenrolle spielen. Familienbadelandschaft mit geheiztem Felsenfreibad, Sprudel- und Kinderplanschbecken sowie ein flacher Privatstrand sorgen für unbeschwerte Ferientage.
Mirnockstr. 38
9872 Millstatt
Tel. 0 47 66/21 08, Fax 27 77
30 Zimmer
Mittlere Preisklasse

Strandhotel Koller
Dieses familiär geführte Haus liegt direkt am See, verfügt über einen eigenen Privatstrand sowie eine 5 000 qm große Parklandschaft nur für Hausgäste. Geheiztes Hallenbad, Sauna und Solarium tragen neben den kulinarischen Spezialitäten des Hauses (Abendbuffet und Grillabende) zum Wohlbehagen der Gäste bei.
Seepromenade 2-4
Tel. 0 47 62/8 12 45, Fax 8 12 45-27
60 Zimmer
Mittlere Preisklasse

Museum

Fischereimuseum Seeboden
Eine Lachsselche aus dem 15. Jh. Einbäume, Klepperboote, Netze, Reusen und vieles mehr vom Gestern der Fischerei sind hier zu bestaunen.
9871 Seeboden am Millstätter See
Fischerhaus
15. Mai–15. Sept. tgl. 9–13 und 15–18 Uhr

Essen und Trinken

Brugger
Der Lage direkt am See verdankt dieser Gasthof seinen guten Ruf als ausgezeichnetes Fischlokal, wo man etwa gebeizte Lachsforellen oder geräucherte Reinanken serviert. Kinder werden Vergnügen daran fin-

---

DER BESONDERE TIP

Römerbad und St. Kathrein-Thermen Rund um die radonhaltige Katharinenquelle haben sich in Bad Kleinkirchheim Thermalbäder der exklusivsten Art etabliert. Freibäder, Wasserfälle, Wellenbäder, Wasser-Erlebniswelt sowie sämtliche Annehmlichkeiten wie Sauna, Solarium etc. machen den Badespaß auch im Winter zu einem vergnüglichen Erlebnis. Auskunft: Tel. 0 42 40/82 12 ■ C 4

SPITTAL AN DER DRAU

den, daß ab und an in der benachbarten Tenne die alte Hausmühle in Betrieb genommen wird.
Dellach 7
9872 Millstatt
Tel. 0 47 66/25 06
Mittlere Preisklasse

Zur Post

Ehemalige Poststationen sind schon immer empfehlenswerte kulinarische Adressen gewesen. Das trifft auch auf dieses alte Haus mit schönem Gewölbekeller und offenem Kamin zu. Hier kann man bei Hauswurst, Sulz und Leberwurst ebenso auf eine zünftige Jause einkehren wie bei Kas- oder Fleischnudeln etwas ausgiebiger speisen.
Hauptstraße 58
9873 Döbriach
Tel. 0 42 46/77 13
Mitte Jan.–1. Mai und 1. Okt.–25. Dez. geschl.
Mittlere Preisklasse

Am Abend

Forelle

Wer in diesem idyllischen Hotel schon nicht nächtigt, sollte die romantische Atmosphäre des Hauses wenigstens einen Abend lang genießen – was nicht schwer ist bei der guten Auswahl an Speisen, die sich an der Nouvelle cuisine orientieren. Direkt am See.
9872 Millstatt
Tel. 04 7 66/20 50
Obere Preisklasse

Millstatt

Tagsüber begeistert das Benediktinerkloster durch seine imposanten Kunstschätze, abends hingegen entfachen hier kulturelle Veranstaltungen von internationalem Niveau wahre Begeisterungsstürme.
April–Juni: Musikalischer Frühling
Juli und Aug.: Internationale Musikwochen mit Orgel-, Kammer- und Orchesterkonzerten
Sept.–Okt.: Musikalischer Herbst
Auskunft
Stiftgasse 1
Tel. 0 47 66/21 65

Nockgebiet ■ C3

Eine Vielzahl von Gipfeln und Almen direkt vor den Toren Spittals laden zu ausgedehnten Wanderungen und Touren ein, die besonders für noch nicht so geübte Bergsteiger sowie für Familien mit Kindern ideale Voraussetzungen bie-

---

DER BESONDERE TIP

Trekking-Touren in den Nationalpark Auf die abenteuerlichen Spuren der alten »Säumer« führt Sie ein Ausflug mit Haflingern durch Mitteleuropas größten Nationalpark, die Hohen Tauern. Ausgehend vom Schloßwirt in Großkirchheim, erschließen Sie sich so die Faszination einer unberührten alpinen Landschaft (Touren mit oder ohne Übernachtungsmöglichkeit). Auskunft: Nationalparkhotel Schloßwirt, Tel. 0 48 25/2 11 oder 4 11 ■ A2/B2

SPITTAL AN DER DRAU

ten. Die Bergwanderwege sind markiert. Außerdem gibt es für weitere Informationen die Broschüre »Nockalmstraßenführer« (in den Fremdenverkehrsbüros erhältlich). Wer nicht wandern mag, kann sich auf einem der Parkplätze des beeindruckenden Panoramas erfreuen. Zufahrtsmöglichkeiten über Seeboden, Radenthein, Bad Kleinkirchheim (im Winter ein herrliches Skigebiet) und Ebene Reichenau. Die lohnendsten Ziele: Tschiernock, Grünleitennock, Wölauernock und Mirnock.

Seen ■ B 3/C 4

Obschon Spittal nahe an einem See liegt, kann eine Tour zu den umliegenden Seen reizvoll sein. **Afritzer-** und **Brennsee**, letzterer wird auch Feldsee genannt, liegen am Fuße der Nockberge und sollen der Sage nach einst von einem zornigen Riesen durch einen gewaltigen Felsblock voneinander getrennt worden sein. Heute gilt der Brennsee mit dem Hauptort **Feld am See** vor allem wegen seiner warmen Wassertemperatur und der idealen Wandermöglichkeiten als beliebtes Feriendomizil. In Afritz, südlich des gleichnamigen Sees, ist die gotische Pfarrkirche mit barockem Zwiebelturm und ebensolchem Hochaltar sehenswert. Von Norden kommend, erreicht man danach Treffen, wohin man – abgesehen von der Ruine Alt-Treffen – hauptsächlich wegen des Puppenmuseums (→ Mit Kindern unterwegs) kommt. Südlich der Drau führt eine andere empfehlenswerte Route (Achtung teils starke Steigung!) von Feistritz a. d. Drau über die **Windischen Höhen**, einer zauberhaften Berglandschaft mit zahlreichen Hütten, nach **St. Stefan a. d. Gail** und weiter zum **Pressegger See**. Der weitgehend unverbaute Badesee zählt wegen seiner sanften Ufer zu den »kinderfreundlichen Seen« (→ Mit Kindern unterwegs). Im nahegelegenen Hermagor zweigt die B 87 in Richtung Weißensee ab, der einen Abstecher lohnt (→ Routen und Touren).

Ideale Bedingungen für ausgedehnte Wanderungen: das Nockgebiet

SEHENSWERTE ORTE UND AUSFLUGSZIELE

St. Peter in Holz ■ B 4

Nur knapp 4 km außerhalb von Spittal (in Richtung Lendorf) wandelt man auf Spuren, die bis in keltische und hallstattzeitliche Kulturen zurückgehen. Auf dem Gebiet rund um das Dorf St. Peter in Holz befand sich einst die erst norische, dann römische Stadt Teurnia. Von der ehemaligen stark befestigten Ansiedlung zeugen heute umfangreiche Ausgrabungen von Stadtmauerresten und Wohnhäusern sowie Inschriften, Reliefs, Schmuck und Gefäßkeramik. Unumstrittene Prunkstücke sind die freigelegten Reste einer Friedhofsbasilika aus dem beginnenden 5. Jh. mit einem prachtvollen Bodenmosaik sowie die Mosaikfragmente der einstigen Bischofskirche.

Museen

Freilichtmuseum am Holzer Berg
Ganzjährig zugänglich

Museum Teurnia
Fundstücke, Dokumentation der Ausgrabungen, Schutzraum für Mosaik.
Mitte Mai–Mitte Okt. tgl. 9–12 und 13–17 Uhr

Mölltal ■ B 3

Abenteuerlich kann es bei einem Ausflug ins Mölltal zugehen, insbesondere dann, wenn Sie von Obervellach, der ehemaligen Goldgräber- und heutigen Kurstadt, in die wildromantische Raggaklamm oder in die an Wasserfällen reiche Groppensteinschlucht vordringen. Nicht weniger faszinierend ist eine Fahrt auf das Reißeck. Dieses Bergerlebnis startet man am besten frühmorgens (großer Andrang während der Saison!) von Kolbnitz aus.

Molzbichl (bei Spittal) ■ C 4

Möglicherweise läuft Molzbichl dem wenige Kilometer drauaufwärts gelegenen St. Peter in Holz bald den Rang ab, wurden doch hier in den letzten Jahren sensationelle frühmittelalterliche Funde, darunter karolingische Flechtwerksteine, gemacht.
Mai–Sept. So–Fr 10–12, 13–17 Uhr

Radenthein ■ C 4

Der rund 20 km lange Weg von Spittal nach Radenthein lohnt sich schon allein wegen der traumhaften Fahrt entlang des Millstätter Sees. Radenthein gilt unter Bergwanderern als Zentrum aller »Nockerln«. Immerhin nehmen hier zahlreiche Wanderungen bzw. Anfahrten zu den Gipfeln der Nockberge ihren Anfang. Manche Bergsteiger werden angeblich noch heute in den umliegenden Bergen auf der Suche nach Halbedelsteinen, sogenannten Granaten, fündig, die in früheren Zeiten hier in großen Mengen abgebaut wurden. Urlauber bervorzugen Radenthein vor allem aufgrund der günstigen Lage zwischen Millstätter See, Nockgebiet, der Skiregion Bad Kleinkirchheim und dem Erholungszentrum Brenn- und Afritzersee.

Essen und Trinken

Metzgerwirt
In den gutbürgerlichen Stuben des Gasthofs verwöhnt man die Gäste mit bodenständigen Gerichten, Schinkenspeck, Hauswürstel und Obstler können sogar zum Mitnehmen erstanden werden.
Hauptstr. 22
9545 Radentheim
Tel. 0 42 46/20 52
Mittlere Preisklasse

Für den, der's abenteuerlich liebt: die Raggaklamm im Mölltal

ST. VEIT AN DER GLAN

Trutzig gleichermaßen wie putzig präsentiert sich die alte Burgenstadt am Ausgang des Glantales. Und beinahe wäre St. Veit heute noch Hauptstadt.

St. Veit an der Glan
■ D 4

Vermutlich werden Sie auf einer der großen Bundesstraßen (B 83 oder 94) in Richtung St. Veit unterwegs sein und annehmen, in Kürze eine durchschnittliche Kärntner Kleinstadt, eingebettet in eine fruchtbare Ebene zwischen Zoll- und Krappfeld, vorzufinden. Die ersten Stadtrandsiedlungen scheinen Ihrer Annahme nicht zu widersprechen. Doch dann tauchen Vorboten auf, die alle Ihre Vorahnungen Lügen strafen: wuchtige, zehn Meter hohe Stadtmauern, die einen derart uneinnehmbaren Eindruck vermitteln, daß man gar nicht erst versucht, mit dem Auto weiter voranzukommen.

Heimliche Hauptstadt

Auch zu Fuß erreichen Sie rasch das Zentrum, den großzügig angelegten Hauptplatz mit vorbildlich erhaltenen Bürgerhäusern, dem alten Brunnen und stilvoll angepaßten Geschäften. 400 Jahre diente St. Veit an der Glan den Kärntner Herzögen als Residenz. Als Landeshauptstadt zählte St. Veit zu den reichsten und mächtigsten Zentren des mittelalterlichen Kärntens. Man wußte opulente Feste zu feiern, Turniere zu veranstalten und den Liedern eines Walther von der Vogelweide, eines Ulrich von Liechtenstein zu lauschen. Erst mit dem 16. Jahrhundert mußte die wohlhabende Handelsstadt ihre Vormachtstellung an Klagenfurt abgeben. Mag sein, daß die St. Veiter ihre Stadt noch manchmal als heimliche Hauptstadt bezeichnen, mag auch sein, daß sie froh sind, nicht mehr so im Rampenlicht zu stehen.

Größter Wiesenmarkt Kärntens

Einmal im Jahr sonnt sich St. Veit jedoch immer noch im Rampenlicht, nämlich rund um Michaeli (29. September), wenn der Startschuß für den größten Wiesenmarkt Kärntens fällt (→ Feste und Festspiele). Das Fest geht auf ein Privileg von 1362 zurück, das den St. Veitern gestattete, zu Michaeli einen Markt mit »Freyung« abzuhalten. Diese Freyung lockerte die damaligen strengen Handelsbestimmungen und sicherte Käufern und Verkäufern gleichzeitig größtmöglichen Rechtsschutz zu. Das Freyungssymbol, ein hölzerner Arm mit Schwert, wird noch heute feierlich aufgestellt.

St. Veit an der Glan

Die prachtvolle Stuckfassade des Rathauses von St. Veit

ST. VEIT AN DER GLAN

Hotels und andere Unterkünfte

Mosser
Zentrale Lage, gemütliche Sitzterrasse vor dem Haus sowie ein hauseigenes Restaurant gehören zu den Vorzügen dieses kleinen Hotels.
Spitalgasse 6
Tel. 0 42 12/32 22, Fax 32 22 10
15 Zimmer
Mittlere Preisklasse

Pension Murauner Hof
Ideal zwischen St. Veit und Hörzendorfer See gelegen, vereint die gepflegte Pension zwei Vorteile: absolute Stadtnähe (5 Autominuten) und eine ruhige Lage im Grünen. Das Erholungsgebiet Hörzendorfer See liegt praktisch vor der Haustür.
9300 Murauenberg 1
Tel. 0 42 12/31 83, Fax 7 14 51
50 Zimmer
Mittlere Preisklasse

Weißes Lamm
Mitten im Zentrum gelegen, bietet das gutbürgerliche Haus hübsche Zimmer für einen kürzeren oder längeren Aufenthalt. Für das leibliche Wohl sorgt die Küche mit solider Hausmannskost, die man im Sommer auch im hübschen Gastgarten im Arkadenhof genießen kann.
Unterer Platz 4–5
Tel. 0 42 12/23 62, Fax 23 62 62
22 Zimmer
Mittlere Preisklasse

Spaziergang

Wahrscheinlich hat Sie die prachtvolle Fassade des **Rathauses** schon von weitem derart fasziniert, daß Sie Ihre Schritte gleich schnurstracks in Richtung des imposanten Portals gelenkt haben, ehe Sie sich Gedanken darüber machten, wie die Stadt wohl am besten kennenzulernen sei. So soll denn auch unser Rundgang hier beginnen.

Wenden Sie sich ostwärts, und werfen Sie kurz einen Blick nach oben. An der Ecke des Hauses Hauptplatz 2 thront unter einem gotischen Steinbaldachin ein hölzerner Jesusknabe aus dem 16. Jh. Nach wenigen Schritten biegen Sie dann rechts in die Bräuhausgasse ein. Kurz darauf sehen Sie auf der linken Seite der Burggasse die sogenannte **Herzogsburg**, der Sie sodann den Rücken kehren, um auf den **Unteren Platz** zu gelangen. Der Spazierweg führt an hübsch renovierten Häusern vorbei, die teilweise mit Laubengängen versehen sind.

Gehen Sie den Platz entlang, bis Sie links durch ein enges Gäßchen zu Stadtpfarrkirche und Karner gelangen. Wieder am Hauptplatz eingetroffen, nehmen Sie Ihren Weg vorbei an **Schüsselbrunnen, Pestsäule** und **Walther-Brunnen** bis zum klassizistischen Gebäude der Bezirkshauptmannschaft, das 1780 auf dem Boden der einstigen Vierzehn-Nothelfer-Kirche erbaut wurde. Durch das ehemalige Villacher Tor verlassen Sie nunmehr die Altstadt, überqueren den Oktober-Platz und gelangen über die Villacher Straße zum ehemaligen Bürgerspital und der dahinter liegenden **Klosterkirche**.

Wer nach soviel Kultur einer Stärkung bedarf, kann in die vorzüglichen Tiroler Weinstuben in der Erlgasse 11 – zu erreichen über Sonnwendgasse – einkehren (→ Der Besondere Tip, S. 20).

Sehenswertes

Bürgerspital
Die nach außen mit wehrhaften Schießscharten, innen mit hübschen Laubengängen und einer Kirche ausgestattete Anlage wurde 1330 von einer Witwe gegründet. Knapp vor dem endgültigen Verfall rettete man

ST. VEIT AN DER GLAN

das Gebäude durch eine vorbildliche Renovierung und stattete es mit Wohnungen für junge Familien aus. Oktoberplatz 5, vor dem ehemaligen Villacher Tor

Hauptplatz
Der 200 m lange und 30 m breite Platz ist ein beeindruckendes Beispiel einer mittelalterlichen Platzanlage, deren Bausubstanz nahezu lückenlos erhalten geblieben ist. Glanzlicht dieses Ensembles ist das **Rathaus**, an dessen Gründung 1468 eine Metallgußtafel mit vier Heiligenfigürchen und einem Sachsenspiegelspruch erinnert. Die spätbarocke Umgestaltung durch Johann Pacher (1754) versah den Bau mit einer prachtvollen Stuckfassade. Sehenswert ist auch die üppige Stuckdecke im Rathaussaal von Josef Pittner und der aus dem 16. Jh. stammende Arkadenhof. Den architektonischen Mittelpunkt des Platzes bildet die aus St. Veiter Marmor geschaffene **Pestsäule** von 1715. Dem **Schüsselbrunnen** in der östlichen Hälfte des Platzes steht auf der Westseite der **Walther-von-der-Vogelweide-Brunnen** gegenüber, ein herrlich proportionierter, dreischaliger Marmorbrunnen aus dem Jahr 1676.

Herzogsburg
So vehement Romantiker in dem im Nordosteck der Stadtmauer gelegenen Gebäude die ehemalige Herzogsburg vermuten, so heftig wird diese Behauptung von Historikern bestritten. Fest steht lediglich, daß hier 1523 ein Zeughaus zur Verteidigung gegen Türken und Ungarn errichtet wurde. Hier ist das **Stadtmuseum** untergebracht.
Nordosttrakt der Stadtmauer
Burggasse

Klosterkirche Unsere Liebe Frau
Von dem 1323 gegründeten Klarissinnenkloster vor den Stadtmauern in der Nähe des Bürgerspitals sind heute nur die Kirche und der Westtrakt erhalten. Die frühgotische Saalkirche beeindruckt durch ihren

Als Mahnmal an die mörderische Seuche errichtet: die Pestsäule am Hauptplatz

ST. VEIT AN DER GLAN

weiträumigen Innenraum mit einem Hochaltar von Johann Pacher und durch eine kostbare Barockorgel von 1731 mit originellem Gehäuse.
Am Bürgerspital, Nähe Villacher Str.

Stadtpfarrkirche

Die bereits 1131 urkundlich erwähnte, im Kern romanische Kirche mußte gegen Ende des 19. Jh. fast völlig renoviert werden, da ein Stadtbrand (1829) arge Verwüstungen angerichtet hatte. Dargestellt ist der Brand auf dem Floriansaltar im südlichen Seitenschiff. Sehenswert sind der prächtige Baldachinaltar von Johann Pacher, die an die Außenmauer eingelassenen Grabsteine und vor allem der romanische Karner, der sich südlich des Gotteshauses auf dem ehemaligen Friedhof befindet. Das Fragment eines karolingischen Flechtwerksteins sowie ein überlebensgroßer Gekreuzigter (um 1500) machen das Beinhaus zu einer der bemerkenswertesten Sehenswürdigkeiten der Stadt. Südöstlich von der Mitte des Hauptplatzes

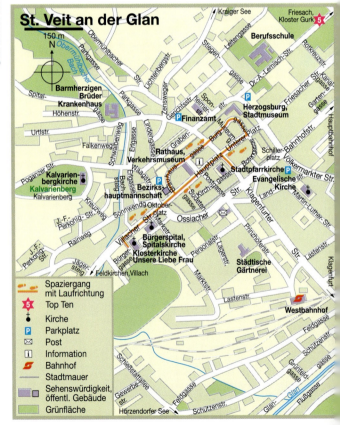

St. Veit an der Glan

Museen

Münzkabinett
Für alle, die sich einen Überblick darüber verschaffen möchten, welche Münzen wann in St. Veit in Umlauf waren und wo sie geprägt wurden.
Stadtmuseum Herzogsburg
Burggasse
1. Mai–30. Sept. Mo–Sa 10–12 und 14–18 Uhr

Stadtmuseum
In diesem Museum, in der Herzogsburg an der nordöstlichen Ecke der Stadtmauer, kommen alle Besucher auf ihre Kosten, die sich für die Geschichte von St. Veit interessieren und einen Blick auf die zweitgrößte Schützenscheibensammlung Österreichs werfen möchten.
Stadtmuseum Herzogsburg
Burggasse
1. Mai–30. Sept. Mo–Sa 10–12 und 14–18 Uhr

Verkehrsmuseum
Eisenbahn-Freunde können sich hier in die Geschichte der Dampflok und des einstigen Verkehrswesens vertiefen.
Rathaus
Hauptplatz 29
1. Mai–15. Okt. tgl. 9–12 und 14–18 Uhr

Essen und Trinken

Bachler
Bodenständig, doch kreativ gibt sich die Küche des in Althofen ansässigen Hauben-Restaurants. Die Quatät der Gerichte und die vorzügliche Weinberatung durch den Hausherrn rechtfertigen die 12 km lange Wegtrecke von St. Veit.
9333 Althofen
Tel. 0 42 62/38 35
Mittlere Preisklasse

Besold
Ein Restaurant ganz besonderer Art ist dieser zwischen St. Donat und Hochosterwitz gelegene Gutshof. Eine Speisekarte gibt es hier nicht, dafür werden die Gäste gebeten, ihren Besuch telefonisch anzumelden, wobei man gleich seine Wünsche angibt. Zur Auswahl stehen köstliche Wildspezialitäten, Schweinebraten, Kärntner Fleischnudeln und vieles mehr.
St. Donat
Reservierung empfehlenswert
Tel. 0 42 12/24 93
Mo, Di geschl.
Mittlere Preisklasse

Braukeller Hirt
Es soll Kärntner geben, die 20 km Wegstrecke auf der B 83 Richtung Norden nur aus kunsthistorischem Interesse auf sich nehmen. Wegen des Renaissance-Laubengangs des Braukellers und wegen des römerzeitlichen Grabreliefs, sagen sie zumindest. Stimmiger dürfte vielmehr die Tatsache sein, daß man in dem zur Hirter Brauerei gehörenden Keller ausgezeichnetes Bier und vorzügliche Hausmannskost aus eigener Landwirtschaft serviert. Der Besucherandrang speziell an heißen Sommerabenden läßt darauf schließen.
9322 Hirt
Km 268 an der B 83
Tel. 0 42 68/25 24
Untere Preisklasse

Erste Café-Konditorei Hahn
Seit eh und je gilt die im Zentrum liegende Konditorei als Treffpunkt all jener, die gemütliche Atmosphäre, hausgemachte Kärntner und altösterreichische Mehlspeisen zu schätzen wissen.
Unterer Platz 19

ST. VEIT AN DER GLAN

Einkaufen

Café-Konditorei Holzmann
Sollten Sie so uneigennützig sein und sich selbst nicht von den süßen Köstlichkeiten verführen lassen, so finden Sie für Ihre zu Hause gebliebenen Schleckermäulchen sicherlich das passende Mitbringsel.
Hauptplatz 4

Glawischnig Heinz, akademischer Bildhauer
So lautet der offizielle Titel jenes Künstlers, dessen Schaffen weit über die Grenzen von St. Veit hinaus bekannt geworden ist.
Atelier im Rathaus
Hauptplatz 1
Wohnadresse:
Lemisch Str. 14
Tel. 0 42 12/2 80 55

Schneider Eugen
Auch dieser akademisch ausgebildete Künstler weiß Kenner durch seine Graphiken immer wieder neu zu begeistern.
Wohnadresse:
Urtlstr. 5
Tel. 0 42 12/40 19

Trachtenstube Schöffmann
Zeitgemäße Trachtenmode, wie man sie gern als handfeste Erinnerung an einen Kärntenurlaub mitnimmt.
Unterer Platz 17

Am Abend

Disco Altes Bräuhaus
Zweifellos zählt diese Diskothek zu den schönsten Treffpunkten der Stadt, wurde sie doch geschickt in die mächtige Stadtmauer integriert.
Bräuhausgasse 25

Kulturelle Veranstaltungen

Daß das kulturelle Leben in St. Veit nicht zu kurz kommt, beweisen zahlreiche Veranstaltungen, die sich nicht nur auf die Hauptsaison beschränken. Lesungen, Kammermusikabende, Chorsingen im Rathaushof oder Ausstellungen gehören zum Standardprogramm der Kulturszene.
Fremdenverkehrsamt St. Veit
Hauptplatz 1
Tel. 0 42 12/55 55 13

Liegl
Nur runde 10 km von St. Veit entfernt serviert man in St. Georgen am Längsee zur untergehenden Abendsonne köstliche Kärntner Spezialitäten. So ist denn auf der Speisekarte dieses sympathischen Gasthofes auch alles vertreten, was bei Feinschmeckern größten Anklang findet: Maischerln, Blutwurst, Käs- und Kletzennudeln oder Haussulz mit Kernöl.
9313 St. Georgen/Längsee
Tel. 0 42 13/21 24
Außerhalb der Saison Mo, Di geschl.
Mittlere Preisklasse

Pukelsheim
→ DER BESONDERE TIP, S. 20

Service

Autoverleih Buchbinder
Tel. 0 42 12/23 98

Fahrradverleih
Hauptbahnhof St. Veit
Tel. 0 42 12/37 01-390

Fremdenverkehrsamt
Hauptplatz 1
Tel. 0 42 12/55 55 13, Fax 55 55 80

ÖAMTC-Pannendienst
Tel. 1 20

St. Veit an der Glan

Polizei/Notruf
Tel. 1 33

Rettung/Notruf
Tel. 1 44

Taxi
Funktaxi
Tel. 0 42 12/22 18
Funktaxi Gabernig
Tel. 0 42 12/20 79

Ausflugziele

Friesach ■ D3

Einen Abstecher ins »Rothenburg von Österreich« sollten Sie sich nicht entgehen lassen. Friesach, die nördlich von St. Veit gelegene älteste Stadt Kärntens, kann nicht nur mit einer äußerst lebhaften Geschichte aufwarten (hier gingen Kaiser, Könige und Minnesänger in früheren Jahrhunderten ein und aus), sondern ist auch die an mittelalterlichen Sehenswürdigkeiten reichste Stadt Kärntens. Die 1130–67 errichtete Stadtpfarrkirche **St. Bartholomäus** weist im Inneren schöne gotische Glasfenster aus dem 11. und 12. Jh. auf. Die Dominikanerkirche des **St.-Josephs-Klosters** außerhalb der Stadtmauern stammt von 1251–1300. Neben den Steinköpfen der Westfassade ist die Friesacher Steinmadonna aus dem frühen 14. Jh. besonders interessant.

In der Deutschordenskirche **St. Blasius** (mit angeschlossenem Spital) finden Sie viele mittelalterliche Kunstschätze, darunter Heiligenstatuen und Altäre. Bemerkenswert ist der Frankfurter Altar mit der Darstellung des Jüngsten Gerichts. Auf dem **Petersberg** schließlich gilt es die Kirche und die Burgruine Lavant zu besichtigen, die 1673 ausbrannte. Anschließend wirkt – nach so vielen trutzigen Burgen, Kirchen und wehrhaften Mauern – eine Rundfahrt durch das malerisch-verträumte **Metnitz-Tal** angenehm beruhigend. Genießen Sie in **Grades** die Ruhe der Filialkirche St. Wolfgang, einer stilreinen gotischen Kirche (den Schlüssel erhalten Sie im kleinen Holzhäuschen des Pförtners). Die schmale Straße führt an Metnitz mit seiner sehenswerten St. Leonhards-Kirche vorbei mit 13 Prozent Gefälle hinunter zur B 13, der Sie bis

---

Der Besondere Tip

Schloß Straßburg im Gurktal Einst residierten in dieser prächtigen Wehranlage Bischöfe. Heute beherbergt das liebevoll restaurierte Schloß eine umfassende volkskundliche Sammlung, die auf lebendige Weise Einblick in den bäuerlichen Alltag gewährt. Das angeschlossene Jagdmuseum rundet das eindrucksvolle Bild vergangener Epochen ab. Eine Burgschenke sorgt dafür, daß Sie wieder zu Kräften kommen – und für die Kleinen gibt's in der Nähe einen Zwergenpark (→ Mit Kindern unterwegs). Öffnungszeiten der Ausstellung: Mai–Ende Sept. tgl. 9–17 Uhr ■ D3

St. Veit an der Glan

Feldkirchen, einem beliebten Ferienort mit sehenswerter romanischer Pfarrkirche sowie hübschen Biedermeierhäusern, folgen. Über die B 94 gelangen Sie rasch wieder nach St. Veit.

Am Abend

Friesacher Sommerspiele
Umgeben von der romantischen Kulisse des Städtchens, findet in Friesach alljährlich ein amüsantes Sommerfestival statt, bei dem Laien ihr komödiantisches Können zeigen.
Programmauskunft:
Fremdenverkehrsbüro Friesach
Juni–Aug.
Tel. 0 42 68/2 31 60

Kloster Gurk ■ D 3

Gottes Wege sind gerade, auch wenn sie krumm erscheinen. Das trifft auch auf die Zufahrt von St. Veit zum Gurker Dom zu, einem der schönsten und bedeutendsten Kirchenbauten ganz Österreichs. Wählen Sie die direkte Verbindung entlang dem Wimitzer Bach, so befahren Sie zwar eine recht kurvenreiche Straße, durchqueren aber dafür eine bezaubernde Landschaft mit zahlreichen Bildstöcken, Kirchen und einsamen Weilern. Nicht zu vergessen, die wildromantischen Kraiger Schlösser, an denen Sie kurz nach St. Veit vorbeikommen. Der Gurker Dom wäre allerdings auch allein eine Reise wert. Die romanische Basilika, die prachtvollen gotischen Wandmalereien und die berühmte Krypta sollte man einfach gesehen haben. Liebhaber historischer Züge werden allerdings auch auf eine dreiviertelstündige Fahrt mit der romantisch-nostalgischen Gurktaler Museumsbahn nicht verzichten. Zurück könnten Sie den Weg vorbei an den Schlössern Straßburg, Pöckstein und Althofen wählen. Von dort gelangen Sie auf der B 83 wieder zum Ausgangsort zurück.

Hochosterwitz ■ E

Selbst Walt Diesney war von dieser trutzigen Festung aus dem 16. Jh. so angetan, daß er sie in einem seiner Comics als Vorbild verwandte. Der teils mühsame Zugang zur Burg führt über 14 Tore. Oben erwarten den Besucher ein Waffen- und Rüstungsmuseum, die Burgkapelle und eine herrliche Fernsicht.
Ostern–Okt.

Der goldglänzende Hochaltar des Gurker Doms

St. Veit an der Glan

Hoch oben auf einem Kalkfelsen gelegen: die imposante Burg Hochosterwitz

ST. VEIT AN DER GLAN

SEHENSWERTE ORTE UND AUSFLUGSZIELE

Hüttenberg-Knappenberg ■ E 3

Über den hübschen Wallfahrtsort **Mariahilf** bei Guttaring mit einer sehenswerten Kirche und einem Kirchenwirt mit herrlichem Most und Reinling gelangen Sie in die ehemalige Bergbauregion Hüttenberg. In dem über 2000 Jahre alten Eisenabbaugebiet, wo einst das berühmte Norische Eisen gefertigt wurde, sind heute ein **Grubenhaus mit Schaubergwerk**, ein **Bergbaumuseum** sowie ein **Freilichtmuseum** mit unter Denkmalschutz stehenden Hochöfen aus der Mitte des 19. Jh. zu besichtigen. Mit neueren volkskundlichen Entdeckungen hat das in Knappenberg angesiedelte **Heinrich-Harrer-Museum** zu tun. Die Heimatgemeinde des hier gebürtigen Heinrich Harrer widmet dem Leben und Schaffen des Forschers eine große Ausstellung.

Seen ■ D 3/E 4

Hörzendorfer See: Außer Badespaß bietet dieser südlich von St. Veit gelegene Ort eine gotische Pfarrkirche mit zahlreichen, für diese Gegend typischen Römersteinen sowie einen romanischen Karner. Nordöstlich von Feldkirchen liegt der von den Wimitzer Bergen umgebene **Urbansee**. Angler schätzen diesen See aufgrund des reichen Fischvorkommens, Schwimmer wegen der äußerst warmen Wassertemperatur. Neben **Stigergutsee, Kraiger-** und **Haidensee**, die dank ihrer idyllischen, versteckten Lage als echte Geheimtips gelten, ist vor allem der östlich von St. Veit gelegene **Längsee** beliebt. Schwimmer und Surfer genießen das größtenteils unverbaute Seeufer und die extrem warmen Temperaturen (durchschnittlich 26º). Vor oder nach dem Baden ist ein Besuch des ehemaligen Benediktinerklosters **St. Georgen**, das mächtig über dem See thront, empfehlenswert.

Sehenswert: die ehemalige Bergbauregion Hüttenberg-Knappenberg

St. Veit an der Glan

Museen

Bergbaumuseum mit Mineralienschau und Schaubergwerk
9375 Hüttenberg
1. April–Ende Sept. tgl. 9–17 Uhr, sonst nach Voranmeldung
Tel. 0 42 63/4 27

Eisen-Freilichtmuseum
Lölling im Lölling-Graben

Freilichtmuseum Eisenhüttenwerk Heft
9375 Hüttenberg
Tel. 0 42 63/4 27 und 2 44
Freier Zugang
Zufahrt über Hüttenberg (2 km)

Heinrich-Harrer-Museum
9375 Hüttenberg
1. April–Ende Sept. tgl. 9–17 Uhr, sonst nach Voranmeldung
Tel. 0 42 63/4 27

Schmiede-Museum
Im Gasthof Neugebauer
Lölling
Tel. 0 42 63/4 07

Schlösser ■ D 3/E 4

Seiner einstigen politischen Blütezeit verdankt St. Veit einen großen Reichtum an interessanten Schlössern und Burgen. Äußerst sehenswert ist die Burgruine **Hochliebenfels**, das ausgedehnte Burganlage mit ihren zinnenbekrönten Mauern nahezu völlig erhalten ist. Dank des mächtigen Turmes und einer durchgehenden Mauerstärke von bis zu 3 m gilt die Ruine als eine der imposantesten Wehranlagen Kärntens. Neben dem Renaissanceschlößchen **Hunnenbrunn** mit hübschem Zwiebel-Rundturm und der Burgruine **Freiberg**, einer ehemaligen herzoglichen Hauptburg, wird vor allem **Schloß Frauenstein** Burgenfreunde begeistern – zumindest von außen (keine Besichtigung möglich). Die Schloßanlage schmiegt sich mit Türmchen, Zinnen, Giebeln und wehrhaften Mauern geradezu märchenhaft an den bewaldeten Hügel. Freien Zugang gewähren hingegen die sogenannten **Kraiger Schlösser**, die in Wirklichkeit wildromantische, zerklüftete Ruinen (Hochkraig und Niederkraig) sind. Bemerkenswert auch das römische **Kraiger Viadukt**.

Taggenbrunn ■ D 4

Die auf einem Hügel gelegene **Ruine Taggenbrunn** war ursprünglich eine Burg der Salzburger Erzbischöfe. Heute machen die herrliche Aussicht über St. Veit und die **Burgtaverne** die Ruine zu einem beliebten Ausflugsziel. Nach einem Badetag am **Längsee** können Sie, wenn Sie zeitig genug kommen, der nahe gelegenen **Pfarrkirche zu St. Peter** einen Besuch abstatten. Ein römerzeitliches Grabbaurelief sowie ein spätgotisches Abendmahl-Relief (1520) machen den Abstecher lohnenswert und die Vorfreude auf das frische Bier in der **Burgtaverne** größer.

Essen und Trinken

Burgtaverne Taggenbrunn
Tel. 0 42 12/38 62
Untere Preisklasse

VILLACH

Die heimliche Hauptstadt Kärntens hat schon die alten Römer zu den Quellen gelockt. Heute ist Villach Verkehrsknotenpunkt und moderne Einkaufsstadt.

Villach
■ C 4

Villach wollte stets Landeshauptstadt werden, doch die Geschichte bestimmte es anders. Dabei kann man den Villachern ihren Ehrgeiz gar nicht verübeln, leben sie doch in einer Stadt mit einer für eine Metropole geradezu prädestinierten Lage. Eingebettet zwischen Seenplateaus und Villacher Alpe und am Kreuzungspunkt von Gail- und Drautal gelegen, könnte die Stadt eigentlich ein Florenz des Nordens sein. Möglicherweise war es gerade das Verlangen nach politischer Bedeutung, das Villach mehr und mehr anwachsen und über seine natürlichen Grenzen hinaustreten ließ. Heute zeigt sich die Stadt aus der Vogelperspektive als moderne, ausufernde Ansiedlung mit zahlreichen hochgeschossigen Neubauten.

Mediterrane Altstadt

Doch zum Glück gibt es die Altstadt, die – obschon durch den Bombenhagel im Zweiten Weltkrieg sehr stark in Mitleidenschaft gezogen – noch einiges an alter Substanz zu bieten hat. Die nahe Grenze zu den südlichen Nachbarländern strahlt bis in den innersten Stadtkern eine gewisse mediterrane Atmosphäre aus.

Heilsame Quellen

Südliches Flair brachten bereits die alten Römer nach Villach, die einst hier ihre Wehwehchen in den Thermen am Fuße des Dobratsch auskurierten. Und es war kein Geringerer als der berühmte mittelalterliche Arzt Theophrastus Bombastus von Hohenheim, genannt Paracelsus, dem wir die ersten Beschreibungen der heilkräftigen Villacher Quellen verdanken. Er verbrachte hier seine Jugendjahre und gab auch dem wunderschönen Renaissancehof am Hauptplatz 18 seinen Namen.

Wenn Sie zu einem Spaziergang durch die alten Gassen und Straßen aufbrechen, sollten Sie beachten, daß Villach nur wenige Kurzparkzonen im Stadtzentrum hat – parken Sie Ihr Fahrzeug daher außerhalb oder auf einem Parkplatz. Nehmen Sie sich Zeit, um sich einfach treiben zu lassen in dem Gewirr der verwinkelten Gäßchen mit der typischen Schwibbogenarchitektur, hinunter zum Ufer der Drau und wieder zurück zum mächtig-geräumigen Hauptplatz. Sie werden es sicherlich nicht bereuen.

VILLACH

In einem der schönsten Häuser Villachs zu Hause: das Hotel Post

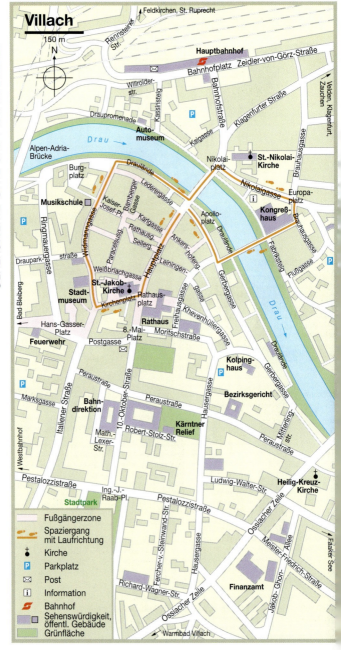

VILLACH

Hotels und andere Unterkünfte

Bleibergerhof
Im Grünen logiert man in diesem Kurhotel, das mit allem Komfort ausgestattet ist. In dem Alpenthermalschwimmbecken, das dem Hotel angeschlossen ist, können sich die Gäste von früh bis spät tummeln. Danach kocht Küchenchef Alfred Süssenbacher, dessen Kreationen berühmt sind.
9530 Bad Bleiberg ob Villach
Drei Lärchen 150
Tel. 0 42 44/2 20 50, Fax 22 05 70
75 Zimmer
Luxusklasse

Jugendgästehaus
Moderne und praktische Ausstattung mit 3- und 5-Bett-Zimmern.
Dinzlweg 34
Tel. 0 42 42/5 63 68, Fax 5 63 68
30 Zimmer
Untere Preisklasse

Karnerhof
→ DER BESONDERE TIP, S. 17

Mosser
Familiäre Führung zeichnet dieses gemütliche Stadthotel in Bahnhofsnähe aus.
Bahnhofstr. 7
Tel. 0 42 42/24 11 50, Fax 24 11 52 22
30 Zimmer
Mittlere Preisklasse

Post
Ein zentral gelegenes, romantisches Hotel in einem der schönsten Häuser Villachs, dem Khevenhüllerhaus aus dem 16. Jh. Bestechend ist auch das Hotelrestaurant, dessen Küche Gourmets aus nah und fern anzieht.
Hauptplatz 26
Tel. 0 42 42/2 61 01, Fax 26 10 14 20
76 Zimmer
Obere Preisklasse

Warmbaderhof
Das exklusive Kurhotel inmitten des riesigen Naturparks bietet jeden nur erdenklichen Komfort. Neben der umfangreichen Kurabteilung mit Thermal-, Frei- und Hallenbad sorgen auch ein Restaurant und eine vorzügliche Konditorei für das leibliche Wohl der Gäste.
9504 Warmbad Villach
Tel. 0 42 42/30 01-0, Fax 3 00 13 09
110 Zimmer
Luxusklasse

Spaziergang

Sind Sie einmal bis ins Zentrum der 55 000 Einwohner zählenden Handelsstadt vorgedrungen, so bedürfen Sie nicht mehr allzu vieler guter Ratschläge, wie die Draumetropole am besten zu erforschen sei. Das pulsierende Treiben hat Sie vermutlich schon längst hineingezogen in den Sog südlicher Lebensart.

Am besten beginnen Sie Ihren Rundgang am **Hauptplatz**, den Sie gemächlich hinaufschlendern bis zur Stadtpfarrkirche **St. Jakob**. Wenn Sie mögen, werfen Sie einen Blick auf die sakralen Kunstschätze vergangener Jahrhunderte. Der Weg führt weiter in der Fußgängerzone in die Widmanngasse, wo Sie linker Hand das **Stadtmuseum** entdecken. Sofern Sie Zeit mitgebracht haben – schauen Sie hinein, es lohnt sich.

Weiter die Widmanngasse entlang, passieren Sie die Musikschule (mit einem prächtigen Renaissanceportal) und gelangen zur Drau-Lände. Eilige Reisende gehen über die Ledergasse zurück zum Ausgangspunkt, während unternehmungslustigen Gästen noch ein kurzer Spaziergang über die Drau zum **Nikolaiplatz** empfohlen sei. Der herrliche Ausblick von der Brücke auf die Wallfahrtskirche Zum Heili-

VILLACH

gen Kreuz, die Nikolaikirche und das großzügig moderne Kongreßhaus machen diesen Umweg auf die andere Stadtseite durchaus lohnenswert. Auf einem Fußgängersteg überqueren Sie danach abermals die Drau und gelangen über die Gerbergasse zurück zum Hauptplatz.

Sehenswertes

Hauptplatz
Leicht bergan führt die großzügig angelegte Fußgängerzone mit den hübsch renovierten Patrizierhäusern zur Hauptstadtpfarrkirche. Äußerst sehenswert sind der **Paracelsus-Hof**, das einstige Wohnhaus des berühmten Mediziners, der **Hirscheggerhof**, ein besonders sehenswerter Bau aus dem 16. Jh. mit einem dreigeschossigen Arkadenhof, sowie das Haus Nr. 13, dessen Hoftrakt 1552 Kaiser Karl V. kurze Zeit bewohnte.

Hauptstadtpfarrkirche
Zweifellos zu den schönsten Baudenkmälern zählt die den Hauptplatz hoch überragende St.-Jakob-Kirche mit ihrem 95 m hohen freistehenden Turm. Auf den Fundamenten der bereits im 11. Jh. gegründeten Kirche begann man im 14. Jh. das nach einem Erdbeben zerstörte Gotteshaus wiederaufzubauen. Heute beeindruckt die hohe dreischiffige Basilika durch ihr kunstvolles Schling- und Netzrippengewölbe, durch die 1555 entstandene Steinkanzel, den herrlichen Hochaltar mit Rokokoschnitzereien sowie das Thomas von Villach zugeschriebene Christophorus-Fresko.
Kirchenplatz

Heilig-Kreuz-Kirche
Als ein barockes Juwel, das seinesgleichen in Kärnten nicht so schnell wiederfindet, schätzen Kunstkenner das in Rosa-Weiß gehaltene Gotteshaus in der ehemaligen Vorstadt Perau. Daß die Pfarrkirche seit dem 18. Jh. ein vielbesuchter Wallfahrts-

Verbrachte seine Jugend in Villach: der Arzt und Naturforscher Paracelsus

ort ist, hat seine eigene Geschichte: Der Legende nach fanden Gläubige hier ein Kruzifix, das aus einer Mauer herauswuchs.
Peraustraße

Warmbad Villach
Bereits die Römer wußten die mit 30 °Celsius aus dem Boden hervorsprudelnden Heilthermen zu schätzen. Wie gern die radioaktiven Quellen früher besucht wurden, zeigen heute noch tiefe Spurrillen römischer Wagen sowie in Stein gehauene Stufen auf der Napoleonwiese. Als der Feldherr nämlich hier weilte, zeigte er sich von der Qualität der Heilquellen in so hohem Maße begeistert, daß er den Befehl gab, einen großräumigen Kurpark anzulegen. Dem kam man nach, und mittlerweile erstreckt sich der Naturpark über 20 ha und erquickt in- und ausländische Kurgäste. Bemerkenswert auch das sogenannte Maibachl, jene mitten im Wald entspringende Quelle, der man so manch wundersame Heilung nachsagt. Mit oder ohne Wunder, auf jeden Fall »heilkräftig« ist ein hübscher Spazierweg entlang dem Römerweg über den Federauner Sattel bis zu der aus dem 12. Jh. stammenden Ruine Federaun.

Widmanngasse
Auch Villach hat seine Fußgängerzone. Als Fortsetzung des Hauptplatzes führt die Widmanngasse, romantische, von schmalen Bögen überschattete Gäßchen kreuzend, hinunter in Richtung Drau. Attraktive Bürgerhäuser, etwa Nr. 10 und Nr. 30, sowie eine Mariensäule von 1740 machen die Gasse auch für Kunstkenner interessant.

Museen

Fahrzeugmuseum
Eine liebevoll zusammengestellte Sammlung von Touren- und Gebrauchswagen aus den Jahren 1927–67.
Draupromenade 12
Sommer tgl. Mo–Sa 9–17, So und feiertags 10–17 Uhr; Winter tgl. 10–12, 14–16 Uhr

Pilz-Lehrschau
Wer als angehender Pilzsammler nicht ganz so sicher ist, was er da in sein Körbchen geben soll, der festige hier sein Wissen anhand der über 300 wissenschaftlich exakten Pilzmodelle.
Burgplatz 4 (Markthalle)
Mai–Okt. Mo–Sa 8–12 Uhr

Relief von Kärnten
Europas größte Geoplastik, eine 200 qm große plastische Darstellung von Kärnten, entstand in den Jahren 1891–1913.
Schillerpark
Peraustraße
Mai–Ende Okt. Mo–Sa 10–16.30 Uhr

Stadtmuseum
In dem vorbildlich renovierten Gebäude aus dem 16. Jh. findet man alles, was nur irgendwie mit der Geschichte Villachs zusammenhängt: Fundstücke aus der Jungsteinzeit, Fragmente aus der römischen Besiedlungszeit, Reste der ehemaligen Stadtmauer mit rekonstruiertem Wehrgang und Tafelbilder von Thomas von Villach. Zwei naturwissenschaftliche Ausstellungsräume ergänzen den Gesamteindruck von Santicum, wie Villach zur Römerzeit hieß.
Widmanngasse 38
2. Mai–31. Okt. Mo–Sa 10–16.30 Uhr

VILLACH

Essen und Trinken

Kellerwand

Gourmets und Feinschmekker werden den Anreiseweg ins malerische Obere Gailtal sicherlich nicht scheuen, zumal dort eines der besten Restaurants Kärntens mit einer verführerischen Mischung aus verfeinerter Kärntner Bodenständigkeit und gehobener Friulaner Küche lockt. Schöpferin all dieser kulinarischen Köstlichkeiten ist die charmante Drei-Hauben-Köchin Sissy Sonnleitner.
Mauthen 24
9640 Kötschach-Mauthen
Tel. 0 47 15/2 69
Reservierung empfohlen
Mo, Di geschl.
Obere Preisklasse

TOPTEN 4

Koglers Vorspann

Während im Schankraum Einheimische deftiger Hausmannskost zusprechen, erfreuen sich im Hinterzimmer Feinschmecker an gehobener italienischer Küche. Mit einem schönen Gastgarten.
9500 Zauchen 16 (bei Villach)
Anfahrt auf der Autobahn Richtung Landskron, Abzweigung Wernberg
Tel. 0 42 52/20 62
So ab 14 Uhr, Mo geschl.
Mittlere Preisklasse

Seegasthof Schmid

Kreative, saisonbezogene Küche ist das Markenzeichen dieses idyllisch am Leonhardsee gelegenen Nobelrestaurants. Ein hübscher Gastgarten, perfekte Speisezubereitung sowie gepflegter Service haben das Lokal in kurzer Zeit zum Geheimtip unter Villachs Gourmets werden lassen.
Leonhardsee
Zufahrt über Stadtautobahn Richtung Landskron
Tel. 0 42 52/4 21 49
Di, Mi mittags geschl.
Obere Preisklasse

Einkaufen

Engelwirtskeusche

In dieser liebevoll renovierten Keusche werden exklusive (Leder-)Trachtenbekleidung und bäuerliches Kunsthandwerk angeboten.
Töbringer Str. 18
St. Ruprecht bei Villach

Kärntner Heimatwerk

Bewährte Adresse für alles, was mit bäuerlichem Kunsthandwerk zu tun hat. Beratung, Auswahl und Qualität sind hier seit Jahrzehnten gleichbleibend gut.
Widmanngasse 34

Bäuerliches Kunsthandwerk im »Heimatwerk«

VILLACH

Neukauf
Groß, aber oho gibt sich dieses Einkaufszentrum vor den Toren Villachs. Überdachte Parkplätze, vorzügliche Feinkostabteilung, Souvenir-Geschäfte, Boutiquen und Restaurant – Sie werden kaum etwas vergeblich suchen.
Ludwig-Walther-Str. 56
Ausfahrtstr. Richtung Maria Gail, B 84

Rainer-Lebzelterei
Ob groß, ob klein, hierher pilgern Leckermäulchen jeden Alters, um sich an den köstlichen Versuchungen gütlich zu tun. Und attraktive Mitbringsel gibt es natürlich auch in Hülle und Fülle.
Kirchenplatz 5

Trachten Kohler
Trachtenmode in solider Qualität und zu akzeptablen Preisen für die Dame und den Herrn.
Gerbergasse 8

Am Abend

Drauschiffahrt
Das nächtliche Villach einmal aus einer gänzlich anderen Perspektive zu betrachten, ist jenen Gästen vergönnt, die sich für eine Nachtschiffahrt auf der Drau entschlossen haben. Abgesehen von den täglich stattfindenden Rundfahrten wird zusätzlich zweimal wöchentlich ein »Abend auf der Drau« angeboten. Sanft auf den Wellen dahinschaukelnd, genießen die Teilnehmer bei einem gepflegten Abendmenü die vorbeiziehende Skyline von Villach, während eine Drei-Mann-Kapelle für die musikalische Untermalung sorgt.
Im Sommer Di und Do
Voranmeldung bei Reisebüros oder Drauschiffahrt
Neubaugasse 32
Tel. 0 42 42/5 80 71

Kegelcasino
Ideal für einen ausgedehnten Kegelabend.
Hausergasse 15
Tel. 0 42 42/2 67 20

Kleines Restaurant im Warmbaderhof
Während sich draußen im großen Speisesaal der Small talk meist um die Kur dreht, kennen die Gäste im gediegen eingerichteten Kleinen Restaurant nur ein Thema: kultiviertes Speisen. Schließlich hat man sich in einem der besten Restaurants rund um Villach eingefunden, um die Nouvelle cuisine zu genießen. Ebenso erfreulich ist der Blick hinaus in den gepflegten Kurpark.
Kurhotel Warmbaderhof
Warmbad Villach
Tel. 0 42 42/30 01-0
Luxusklasse

Kongreßhaus
In dem 1971 errichteten Gebäude direkt an der Drau finden im Sommer vorwiegend Veranstaltungen im Rahmen des bekannten Kulturfestes »Carinthischer Sommer« statt.
Europaplatz
Tel. 0 42 42/2 35 61

Landskron
Während tagsüber vorwiegend Touristen auf der gut ausgebauten Straße hinauf zur Burgruine fahren, mischen sich abends nicht wenige einheimische Wagen unter den Fuhrpark vor dem Burgrestaurant. Speziell an Dienstagen, wenn man zum festlichen Rittermahl geladen wird. Dann wird in stimmungsvoller Kronsaalatmosphäre, betreut vom Service in Original-Burgtracht, ausgiebig geschmaust. Nur auf Vorbestellung unter
Tel. 0 42 42/4 15 63

VILLACH

SEHENSWERTE ORTE UND AUSFLUGSZIELE

Service

Auskunft
Fremdenverkehrsamt der Stadt Villach
Europaplatz 2
Tel. 0 42 42/2 44 44-0, Fax 2 44 44-17
Fremdenverkehrsamt Warmbad Villach
Kurverwaltung
Tel. 0 42 42/3 72 44, Fax 3 39 66

Autoverleih
Buchbinder
Tel. 0 42 42/2 45 89
Hertz
Tel. 0 42 42/2 69 70

ÖAMTC-Pannendienst
Tel. 1 20

Polizei/Notruf
Tel. 1 33

Rettung/Notruf
Tel. 1 44

Taxi
Funktaxi
Tel. 0 42 42/2 33 33 und 2 88 88
Telefonzentrale
Tel. 0 42 42/3 22 22

Ausflugsziele

Faaker See ■ C 4/D 4

10 km vor den Toren der Draumetropole liegt eines der landschaftlich reizvollsten Urlaubsgebiete Kärntens. Mit den Ortschaften Faak, Egg (dort der meistfotografierte Bildstock) und Drobollach ist die Region um den Faaker See am Fuß des Mittagskogels bei Urlaubern besonders beliebt (→ Hotel-Tip S. 17).

Essen und Trinken

Tschebull
Daß die Grenze zu den südlichen Nachbarn sozusagen vor der Haustüre liegt, vermitteln nicht nur die hier schroff aufragenden Karawanken, sondern auch die hiesige Speisekarte, die mit alpen-adriatischen Köstlichkeiten gespickt ist.
9580 Egg bei Faak am See
Tel. 0 42 54/21 91
Reservierung empfohlen
Mittlere Preisklasse

Kötschach-Mauthen ■ A 4/B 4

Der zwischen Gailtaler und Karnischen Alpen eingebettete Luftkurort liegt nicht gerade in unmittelbarer Nähe von Villach, doch die Anfahrt durch das Gailtal, das im oberen Abschnitt Lesachtal heißt, lohnt die Mühe sicherlich. Immerhin trägt die dabei befahrene Straße den Beinamen »Karnische Dolomitenstraße«.
Thörl (berühmte Thomas-v.-Villach-Fresken in der spätgotischen Pfarrkirche St. Andrä), **Arnoldstein** (Ausgangspunkt für eine Fahrt ins Dreiländereck), **Hermagor** (mit einer spätgotischen Hallenkirche), **Dellach** sowie das Ferienzentrum rund um den **Pressegger See** gelten als beliebte Urlaubsgebiete entlang dieser Route. Einmal in Kötschach-Mauthen angekommen, sollten Sie nicht versäumen, dem **Gailtaler Dom** in Kötschach einen Besuch abzustatten und entlang der sich mächtig erhebenden Kellerwand in Richtung Wolayer See zu wandern.

Maria Gail ■ C 4/D 4

Nur wenige km außerhalb Villachs (in Richtung Faak) befindet sich eines der wertvollsten Denkmäler gotischer Schnitzkunst im Alpenraum. In der Wallfahrtskirche Zu Unserer Lieben Frau an der Gail, einem ursprünglich romanischen Gotteshaus, das später gotisiert wurde, erstrahlt der spätgotische Flügelaltar in fast unverändertem Glanz. Der Schrein stellt die kniende Maria dar, die von Gottvater und Christus gekrönt wird. Die Taube (Symbol der hl. Dreifaltigkeit) fliegt über ihr.

Mittagskogel ■ C 5/D 5

Der steil über den idyllischen Aichwaldsee aufragende Zweitausender soll nur als Synonym für die zahllosen Gipfel rund um Villach gelten, die Bergbegeisterte so gerne stürmen. Neben Dobratsch oder Koschuta zählt er zu den beliebtesten Berggipfeln.

Naßfeld ■ C 4/C 5

Im Winter sind es die Skifans, die scharenweise bergwärts ziehen, im Sommer die Bergfexe, gilt doch das zu den Karnischen Alpen zählende Naßfeld als ideales Ski-Eldorado und als günstiger Ausgangspunkt für Bergwanderungen. Eines der lohnendsten Ziele, da am leichtesten erreichbar, ist der **Gartnerkofel**. Seine Almwiesen sind der einzige natürliche Standort der vielbesungenen Wulfenia, Kärntens Wunderblume.

Ossiacher Stift ■ D 4

Direkt am Ossiacher See liegt das älteste Männerkloster Kärntens, dessen Ursprung auf das Jahr 1028 zurückgeht. Im 15. Jh. niedergebrannt und wiederaufgebaut, wurde es 1782 auf kaiserlichen Befehl aufgehoben. Heute finden in dem sorgfältig restaurierten Stift Konzerte im Rahmen des Carinthischen Sommers statt.

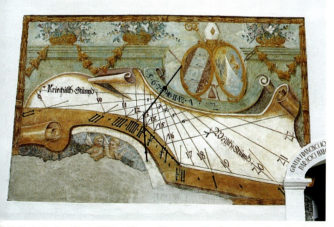

Stift Ossiach, das älteste Männerkloster Kärntens, dient heute vor allem der Kultur

VILLACH

Ossiacher See ■ D4

Vom Volksmund geheimnisvoll mit »See des Schweigens« umschrieben, zählt der drittgrößte See Kärntens zum bevorzugten Urlaubsgebiet all jener, die unbeschwerte Ferienatmosphäre schätzen. Die am Nordufer gelegenen Feriendörfer **Sattendorf**, **Steindorf**, **Bodensdorf** und **Annenheim** können denn auch nicht über mangelnden Zustrom klagen. Annenheim ist auch Ausgangspunkt der auf die Kanzelhöhe führenden Seilbahn. Von dort gelangen Touristen per Sessellift auf die **Gerlitzen**. Die Aussichtswarte bietet einen unvergleichlichen Panoramablick auf den von gesundem Plankton smaragdgrün gefärbten See (motorisierten Bergwandern steht eine mautpflichtige Höhenstraße auf die Gerlitzen zur Verfügung). Die schräg gegenüberliegende, kleine Ortschaft Ossiach ist Zentrum des Carinthischen Sommers.

Rosental ■ D5

Kunsthistorisch und landschaftlich lohnenswert ist eine Fahrt durch das malerische Rosental. Vorbei an der Fundstätte hallstattzeitlicher Kultfiguren in Frög erreichen Sie, den Karawanken folgend, **Maria Elend**, eine gotische Wallfahrtskirche mit einem prächtigen Flügelaltar. Weiter drauabwärts grüßt die mächtige **Hollenburg**, von deren Söller sich eine prachtvolle Aussicht über das gesamte Tal bietet.
Kurz vor **Ferlach**, der renommierten Büchsenmacherstadt, führt eine Abzweigung in Richtung Unterloibl zu einem wild-romantischen Ausflugsgebiet. Auf schmalen Wegen und Stegen durchwandert man die **Tscheppa-Schlucht**, ein einzigartiges Naturschauspiel. Ausdauernde Bergsteiger werden möglicherweise die beiden Zweitausender Hochobir und Koschuta erklimmen wollen, die ebenfalls von Ferlach und seiner Umgebung zugänglich sind. Die Quadiaalm, fast 1 000 m

Wilde Romantik in der Tscheppa-Schlucht oberhalb von Ferlach hoch gelegen, wartet im Juni mit einer ganz speziellen botanischen Attraktion auf – der Narzissenblüte. Naturbegeisterte Wanderer nehmen dann gern den dreistündigen Fußmarsch von St. Jakob im Rosental auf sich, um dieses Naturschauspiel zu erleben.

Terra Mystica ■ C4

An die Wurzel unserer Vergangenheit führt dieses »Aktiv-Museum« in Bad Bleiberg all jene, die die Reise in 250 m Tiefe wagen. Ausgerüstet mit moderner Knappenmontur, gelangen die Besucher nach einer rasanten Schachtfahrt ins Berginnere, wo sie mittels einer eindrucksvollen Multimedia-Show Zeugen des einstigen Urknalls werden. Besinnlichere Ruhe vermitteln danach die Schönheit der gezeigten Bergschätze sowie ein »mystischer« Bergsee. Nach rund zwei Stunden nimmt diese aufregende Erlebnistour ihr Ende. Kinder ab 7 Jahren können teilnehmen; den jüngeren Gästen steht als Ersatz ein Erlebniskindergarten zur Verfügung, in dem die Kleinen sich wohlfühlen werden.

Bei schlechtem Wetter und zur Hauptsaison kann es infolge der Blockabfertigung zu längeren Wartezeiten kommen!
9530 Bad Bleiberg
Tel. 0 42 44/2 25 50

Wildpark Rosegg ■ D4

Ein großzügig angelegtes, mitunter recht steiles Areal, auf dem Damund Rotwild, aber auch Adler und sogar Störche anzutreffen sind. Ein beliebtes Ausflugsziel für Eltern mit Kindern. Auf dem Tierparkgelände befindet sich auch die Ruine Altrosegg, die vom Geschlecht der »Raser« im 13. Jh. auf einem steilen Felsen zur Überwachung der Drau errichtet wurde.
Rosegg
Juni, Juli, Aug. 8–18 Uhr, April, Mai, Sept. 9–17 Uhr
Mit Kinderwagen nur teilweise zugänglich.

DER BESONDERE TIP

Pilz-Wald-Erlebniswelt Unweit von Elli Riehls Puppenwelt (→ Mit Kindern unterwegs) in Winklern bei Treffen gewährt ein liebevoll gestaltetes Museum Einblick in die Geheimnisse von Mutter Natur. Starten Sie einen Erlebnisstreifzug durch die Pilz- und Tierwelt, durch einen Fantasy-Wald bei Nacht sowie durch eine funkelnde Kristall-Galaxie. Öffnungszeiten: Ostern–26. Okt. 9–18 Uhr ■ C4
Villacher Kirchtag Tourismus hin, Tourismus her – der Kirchtag am ersten Wochenende im August ist und bleibt ein Fest von Kärntnern für Kärntner (aber gehen Sie trotzdem hin). Es werden geboten: ein Trachtenumzug, Bierzelt, Vergnügungspark und Marktbuden.

VÖLKERMARKT

Aus der Kärntner Historie ist das Städtchen am Drau-Stausee nicht wegzudenken. Doch es gibt genügend andere Gründe für einen längeren Aufenthalt.

Völkermarkt
■ E 4

Idyllisch schmiegt sich die Bezirkshauptstadt an den Rand der zum Völkermarkter Stausee steil abfallenden Schotterterrasse. Gemächlich pulsiert das Leben in den engen Gassen rund um den biedermeierlich anmutenden Hauptplatz mit seinen hübschen Bürgerhäusern. Alles eitel Sonnenschein, ist der Reisende versucht zu denken, wären da nicht der wuchtige Stadtturm und die zum Teil noch erhaltene Festungsmauer. Sie lassen eine Ahnung aufkommen, daß hier nicht immer alles so friedlich verlief, wie es den Anschein hat.

Das begann bereits in der Entstehungszeit. Im 11. Jahrhundert wurde der Markt von einem rheinfränkischen Kaufmann namens Volko gegründet, etwa hundert Jahre später von Heinrich V. von Sponheim dem Stift St. Paul überschrieben und von da an zwischen Klosterobrigkeit und Herzogtümern hin und her gerissen. Der Kampf um die Stadt an der Drau setzte sich in kriegerischen Auseinandersetzungen mit den Türken fort und nahm ein trauriges Ende mit den blutigen Abwehrkämpfen (dem sogenannten »Blutsonntag« vom 3. Mai 1919) nach dem Ende des Ersten Weltkriegs, als Jugoslawien Machtansprüche auf dieses Gebiet erhob. Erst mit der am 10. Oktober 1920 abgehaltener Volksabstimmung, die zugunster Österreichs verlief, wurde dieser turbulenten Zeiten ein vorläufige: Ende gesetzt.

Schlösser und Burgen

Es gab indessen auch gute Zeiten in der Geschichte Völkermarkts, die die Stadt zu den machten, was sie heute ist: eine moderne lebendige Einkaufs und Handelsstadt. Die Ursprünge hierfür gehen auf das Jahr 1230 zurück, als die am Fuße der Sau alpe gelegene Ortschaft das Privileg erhielt, mit Erz und Eisen zu handeln – ein Vorrecht, das Völkermarkt schnell reich und mächtig werden ließ. Zahlreiche statliche Patrizierhäuser sowie di umliegenden Schlösser und Burgen zeugen noch heute von der einstigen Reichtum.

Grund zur Klage haben di Völkermarkter allerdings auc heute nicht, können Sie doch m Recht stolz sein auf ihre ge schäftige Heimatstadt, die einig äußerst bemerkenswerte Se henswürdigkeiten besitzt.

VÖLKERMARKT

Dieses Grab erinnert an die bewegte Vergangenheit Völkermarkts

VÖLKERMARKT

Hotels und andere Unterkünfte

Gut Weissenegg
Rund 10 km von Völkermarkt entfent gelegen, bietet dieses gepflegte Gut Ferienwohnungen mit allem, was einen gelungenen Urlaub ausmacht: ruhige Waldrandlage, große Spielwiese, Hallenbad, Privatstrand am nahen Klopeiner See sowie überdachte Grillplätze. Die Wohnungen sind mit Kühlschrank, Geschirrspüler, TV, Fax und Telefon komfortabel ausgestattet.
Fam. Dr. Zechner
9113 Ruden 1
Tel. 0 42 34/2 14, Fax 2 14 30
3 Ferienwohnungen in unterschiedlicher Größe (für 4, 4–6 oder 6–10 Personen)
Preis auf Anfrage

Krone
In diesem familiär geführten Hotelbetrieb erwarten Sie neben modernen, komfortablen Zimmern ein ausgiebiges Frühstücksbuffet sowie ein hauseigener Badestrand am nahen Klopeiner See.
Hauptplatz 32
Tel. 0 42 32/21 81, Fax 22 45
22 Zimmer
Mittlere Preisklasse

Pension Karawankenblick
Viele Einheimische und Gäste suchen diesen Gasthof allein der herrlichen Aussicht auf die Karawanken wegen auf. Glücklich daher die Gäste, die hier ein südseitiges Balkonzimmer mit Panoramablick beziehen. Angeln im Stausee ist erlaubt. Ideal gelegen für alle, die auf der A 2, der Autobahn Wien-Italien, unterwegs sind.
Ruhstatt 17
Tel. 0 42 32/21 86
14 Zimmer
Untere Preisklasse

Pension Park-Café
Direkt in der Ruhezone am Stadtpark gelegen, bietet die Pension hübsche Zimmer, eine Sonnen-

Lädt zum Spazierengehen ein: die Altstadt von Völkermarkt

terrasse und einen traumhaft schönen Blick auf die Karawanken.
Bürgerlustgasse 12
Tel. 0 42 32/29 65
12 Zimmer
Untere Preisklasse

Spaziergang

Haben Sie den Straßenlärm der Umgehungsstraße erst einmal hinter sich gelassen, so umfängt Sie schon bald die erfrischend kleinstädtische Atmosphäre, die so richtig Lust macht auf einen ausgedehnteren Stadtbummel. Sie beginnen am besten beim **Neuen Rathaus**, wo sich Ihnen ein prächtiger Blick über den ganzen Hauptplatz bietet. Schlendern Sie den hübschen Platz entlang, nutzen Sie die Gelegenheit, um in den Geschäften das eine oder andere Souvenir zu erstehen. So erreichen Sie, vorbei an der **Dreifaltigkeitssäule** und dem **Alten Rathaus**, das Südende des Platzes, wo ein Denkmal an die blutigen Abwehrkämpfe 1918–20 erinnert.

Ehe Sie sich weiter Richtung Süden wenden, machen Sie einen kurzen Abstecher durch die Kirchengasse zur sehenswerten **Stadtpfarrkirche St. Magdalena**. Dabei kommen Sie an Häusern vorbei, deren Fassaden größtenteils dem Barock und Biedermeier entstammen. Wieder zum Hauptplatz zurückgekehrt, gehen Sie Richtung Drau weiter. Die hübsche Aussicht vom Bürgerlustpark kann mitunter sogar den Blick auf die schroffen Karawanken freigeben. Falls Sie sich noch fit genug fühlen, empfehlen wir einen Spaziergang entlang des Stausees.

Sehenswertes

Altes Rathaus
Das spätgotische Gebäude, 1499 errichtet, gefällt vor allem wegen seines hübschen, ebenerdigen Laubenganges.
Hauptplatz 22

Hauptplatz
Der Platz, der sich in nordsüdlicher Richtung erstreckt, besticht durch sein relativ geschlossenes Ensemble attraktiver Bürgerhäuser, deren Baukern dem 16. Jh. entstammt. Viele der Fassaden wurden jedoch im Biedermeier verändert. Besonders hübsch anzusehen sind die Häuser Nr. 3–6 und 17–21. In der Mitte des Platzes erinnert die Dreifaltigkeitssäule von 1715 an überstandene Not.

Neues Rathaus
Hinter der klassizistischen Fassade des Bauwerks vermuten Historiker Reste der Herzogsburg aus dem 14. Jh. sowie Mauern der ehemaligen St.-Johannes-Kapelle, die 1256 urkundlich erwähnt wurde. Friedrich III., der Völkermarkt oft und gern besuchte, schenkte die Burg den Bürgern der Stadt Mitte des 15. Jh. Auch der wuchtige, runde Stadtturm mit Schießscharten wurde in den Gebäudekomplex des Neuen Rathauses miteinbezogen.
Hauptplatz 1

Pfarrkirche St. Ruprecht
Außerhalb der Altstadt, in nordwestlicher Richtung, soll einst die Urzelle der heutigen Ansiedlung gelegen haben. Aus jener Zeit stammt die 1043 zum ersten Mal urkundlich erwähnte St.-Ruprecht-Kirche. Während einige Elemente einwandfrei der romanischen Epoche zuzuordnen sind, wurde der Großteil des Gotteshauses im 18. und 19 Jh. einer radikalen Erneuerung unterzogen. Stilrein romanisch ist der benachbarte Karner mit frühgotischem Chor sowie Rundbogenfenstern.
St.-Ruprechter-Str.

VÖLKERMARKT

Sehenswerte Orte und Ausflugsziele

Stadtpfarrkirche
Östlich des Hauptplatzes befindet sich die 1240 erstmals urkundlich erwähnte Pfarrkirche St. Magdalena. Der spätromanische Kern wurde im Lauf der Zeit oft verändert, was der Bedeutung der Hallenkirche keinen Abbruch tat, birgt sie doch kunsthistorische Schätze, z.B. ein romanisches Stufenportal, gotische Wandmalereien (einige werden Thomas von Villach zugeschrieben), eine spätgotische Ölberg-Gruppe sowie eine Lichtsäule vor der Westfassade. Ihr pittoreskes Aussehen verdankt die Kirche einem Erdbeben, das einen der beiden Türme einstürzen ließ. Man errichtete den Turm zwar wieder neu, ersetzte den Zwiebelhelm aber durch ein schlichtes Dach.
Kirchengasse

Museum

Stadtmuseum Völkermarkt
Das Museum gibt Einblick in die Dokumentation des Kärntner Abwehrkampfes und der Volksabstimmung vom 10. Oktober 1920. Darüber hinaus ist eine volkskundliche Sammlung aus dem ländlichen Raum um Völkermarkt zu besichtigen.
Faschinggasse 1
Mai–Okt. Di, Mi Do 10–12, 14–16 Uhr; Sa 10–12 Uhr

Essen und Trinken

Jausenstation Lipsch
Wenn Sie mutig genug sind, sich wirklich unter das einheimische Volk mischen zu wollen, dann ist diese Adresse ein echter Geheimtip: In einem der ältesten Häuser der Region können Sie im Kreise der Wirtsleute und Stammgäste Köstlichkeiten aus der hauseigenen Landwirtschaft genießen. An warmen Speisen kommt auf den Tisch, was auch die Bauersleute für sich selbst als Tagesgericht vorgesehen haben.
Seebach 3
9125 Kühnsdorf
Tel. 0 42 32/86 30
Untere Preisklasse

Pfau
Gäste können – gegen Voranmeldung – die große Obstplantage besichtigen, auf der sogar Williamsbirnen direkt in die Flaschen hineinwachsen. Daß so viel Obst auch vor Küche und Keller nicht haltmacht, versteht sich von selbst: So findet man die Vitaminträger in Saucen, Suppen, Knödeln, Strudeln und natürlich als Schnaps in Flaschen. Außerdem vorzüglich zubereitete Kärntner Spezialitäten.
Untermitterdorf
9113 Ruden
Tel. 0 42 34/82 21
Mittlere Preisklasse

Fischrestaurant Sicher
Kaum jemand würde wohl in dem Wäldchen hinter den sieben Bergen einen Gourmettempel vermuten. In dem gemütlichen Ambiente verwöhnt die familiär geführte Brigade ihre Gäste mit deliziösen Speisen, bodenständig, aber mit einem Schuß Nouvelle cuisine.
9121 Tainach
Tel. 0 42 39/26 38
Reservierung empfohlen
Obere Preisklasse

Einkaufen

Bauernmarkt
An die alte Tradition des Handelszentrums Völkermarkt schließt der Bauernmarkt an, auf dem man frisches Obst und Gemüse sowie hübsche kunsthandwerkliche Arbeiten als Mitbringsel erstehen kann.
Hauptplatz
Mi vormittags

VÖLKERMARKT

Mayer-Schafwollwaren
Dieses Fachgeschäft demonstriert, was man alles aus dem kuscheligen Fell der Schafe herstellen kann.
Griffner Str. 10

Souvenir-Bastelstube
Alles Nötige für hübsche Bastelarbeiten sowie nette Erinnerungen an die schönsten Tage im Jahr finden Sie hier. Mit einem umfassenden Sport- und Hobby-Sortiment.
Hauptplatz 32

Völkermarkter Käseecke
Käsespezialitäten aller Art, frisch aus der angeschlossenen Molkerei, den passenden Wein gibt es dazu.
Griffner Str. 9

Am Abend

Jagerwirt-Sportkegelbahn
In Nachbarschaft der St.-Ruprecht-Kirche können sich Hobbykegler auf vier Sportkegelbahnen vergnügen.
St.-Ruprechter-Str. 5
Tel. 0 42 32/28 34

Service

Auskunft
Fremdenverkehrsamt Völkermarkt
Hauptplatz 1
Tel. 0 42 32/25 71 47, Fax 25 71 28

ÖAMTC Pannendienst
Tel. 1 20
Technischer Dienst
Tel. 0 42 32/23 88

Polizei/Notruf
Tel. 1 33

Rettung/Notruf
Tel. 1 44

Taxi
Sagmeister
Tel. 0 42 32/28 32

Ausflugsziele
Bad St. Leonhard ■ E 3

Nördlich von Wolfsberg im sich wieder verengenden malerischen Lavanttal liegt Bad St. Leonhard, dessen Schwefelquellen bei Rheuma, Hautkrankheiten und Metallvergiftungen helfen. Mittelpunkt der Stadt ist der langgestreckte, von Biedermeierfassaden gesäumte Hauptplatz. Eine Besonderheit ist in jedem Fall die vor dem Ort am Hang der Packalpe gelegene **Pfarr- und Wallfahrtskirche St. Leonhard**, nicht nur wegen ihrer ungewöhnlichen Lage. Der prächtige, von einer Eisenkette umschlossene Bau birgt einen gotischen Sakralraum, 139 zum Teil der 1. Hälfte des 14. Jh. entstammende Glasscheiben sowie ca. 400 eiserne Votivgaben.

Essen und Trinken

Zum Bären
Ein Besuch des malerischen Lavanttales sollte nicht enden, ehe man sich auch kulinarisch von dieser Region ein Bild gemacht hat. Und wo könnte man das besser als in diesem gutbürgerlichen Haus mitten am Hauptplatz von Bad St. Leonhard? In gepflegt-rustikaler Umgebung genießt man köstliche Kärntner Schmankerl, die auf Haubenniveau zubereitet werden.
Hauptplatz 7
9462 Bad St. Leonhard
Tel. 0 43 50/22 57
Reservierung empfohlen
So, Mo geschl.
Mittlere Preisklasse

VÖLKERMARKT

Sehenswerte Orte und Ausflugsziele

Bleiburg ■ E4

Ein Ausflug in den größten Ort des Jaunfeldes mutet fast wie eine Reise in ein fremdes Land an. Denn nur wenige Kilometer trennen Bleiburg von der slowenischen Grenze. Gänzlich verschwommen sind hingegen die Grenzen in Bezug auf die Bevölkerungsstruktur. Der Großteil der Bewohner ist slowenisch, was wegen der zweisprachigen Ortstafeln nicht zu übersehen ist. Beachtenswert in Bleiburg sind die großzügige Renaissance-Schloßanlage, die spätgotische Pfarrkirche sowie die schmucke Bürgerspitalkapelle mit den hübschen Fresken aus dem 18. Jh. Sehenswerte Galerie des Kärntner Malers Werner Berg.

Diex ■ E4

Schier uneinnehmbar wirken die wuchtigen, 5 m hohen und 1 m dicken Mauern, die die zweitürmige Wehrkirche von Diex umschließen. Während der Türkenkriege boten sie der ländlichen Bevölkerung oft Schutz vor der drohenden Gefahr aus dem Osten. Heute beeindruckt das Gotteshaus durch sein barockes Inneres, die Rokokoaltäre sowie eine spätgotische Sakramentsnische aus dem 15. Jh.

Essen und Trinken

Jesch
In traumhafter Lage, mit herrlichem Panoramablick auf die Saualpe werden die Gäste mit vorwiegend Hausgemachtem verwöhnt. In der gemütlichen Stube mit Kachelofen serviert man zünftige Jausen, gute Mehlspeisen und Most.
Wandelitzen 10
9103 Diex
Tel. 0 42 31/71 96
Untere Preisklasse

Eisenkappel ■ E5

In früheren Jahrhunderten war Eisenkappel ein Umschlagplatz für Eisen, Blei und Meersalz. Heute suchen Urlauber hier vor allem Heilung von Herz- und Kreislauferkrankungen. Die herrliche Bergwelt rund um Eisenkappel lädt zum Wandern ein, wobei Petzen (auch von Bleiburg zugänglich) und Hochobir zu den beliebtesten Gipfeln zählen.

Lohnenswert ist die Anfahrt durch das wild-romantische **Vellach-Tal**, auch der Wallfahrtskirche **Maria Dorn** wegen, deren Außenwand-Fresken weithin berühmt sind. Mit **St. Leonhard** besitzt Eisenkappel die höchstgelegene Kirche Kärntens: Ihre grotesk bemalte Holzdecke sollten Sie sich nicht entgehen lassen. Hungrigen Kunstkennern sei das ausgezeichnete Schloßpark-Restaurant empfohlen.

Freilichtmuseum Hemmaberg ■ E4/E5

Im südöstlichen Eckchen Kärntens betritt man am Hemmaberg historischen Boden: Inmitten dieser unberührten Landschaft brachten archäologische Ausgrabungen Funde frühchristlicher Kirchen und prächtige Mosaikböden-Fragmente zu Tage, die heute im Antikenmuseum zu besichtigen sind. Auf dem Hemmaberg sind außerdem die »Rosaliengrotte«, ein Naturdenkmal dem man Wunderheilkraft zuspricht, sowie die Wallfahrtskirche Hl. Hemma und Dorothea beachtenswert.
Freilichtmuseum Hemmaberg
Ganzjährig frei zugänglich
Antikenmuseum
9142 Globasnitz
Mai–Okt. tgl. 10–12, 14–17 Uhr

VÖLKERMARKT

Griffen ■ E4

Hinter dem kurzen Ortsnamen verbergen sich vielerlei Assoziationen. Während Kunstfreunde vermutlich an das Prämonstratenserstift Griffen mit der für ihre Stuckarbeiten bekannten Stiftskirche oder an die Pfarrkirche samt romanischem Turm denken, wird für Naturfreunde die **Tropfsteinhöhle** die wichtigste Sehenswürdigkeit sein. Die durch Mineralien hervorgerufene bunte Pracht macht die – auch durch mittelsteinzeitliche Funde berühmte – Grotte zur buntesten Tropfsteinhöhle Österreichs. Die Höhle war auch schon einmal bewohnt: vor ca. 20 000 Jahren, denn man fand Feuerstellen und Werkzeuge von Urmenschen, aber auch Knochen von Bären, Löwen, Mammuts und Riesenhirschen. Burgen-Fanatiker werden von der Ruine Griffen erzählen, die einst im Besitz Maria Theresias war. Bergwanderer wissen zu berichten, daß unweit von Griffen die Möglichkeit besteht, in den Lavanttaler Höhenweg einzusteigen.

Tropfsteinhöhle
Nur mit 20minütiger Führung zugänglich
1. Mai–Ende Sept. tgl. 9–17 Uhr
Tel. 0 42 33/22 47

Klopeiner See ■ E4/E5

Mit **Kleinsee**, **Gösselsdorfer-** und **Turner See** bildet das Gebiet um den Klopeiner See ein paradiesisches Urlaubszentrum. Angenehme Wassertemperaturen (bis zu 28 °C), vielfältige Sportmöglichkeiten, adriatisches Klima und kilometerlange Wanderwege sind nur einige der Vorzüge dieser Gegend. Neben **St. Kanzian** ist **Eberndorf** von Bedeutung, das vor allem wegen seines ehemaligen Stiftes mit Krypta und spätgotischem Freigrab gern aufgesucht wird.

St. Paul ■ F4

Nordöstlich von Völkermarkt liegt das Benediktinerkloster St. Paul im Lavanttal. Abgesehen von der wertvollen Klosterbibliothek, die nicht weniger als 50 000 Bände, alte Inkunabeln und Handschriften birgt, ist das Stift stolz auf seine prachtvolle Kirche, die dem spanischen Escorial (bei Madrid) nachempfunden ist. Herrliche Fresken, darunter einige von Michael und Friedrich Pacher sowie von Thomas von Villach, und das kunstvoll geschnitzte Gestühl verleihen der romanischen Pfeilerbasilika tatsächlich

Das Benediktinerkloster St. Paul im Lavanttal

VÖLKERMARKT

etwas Majestätisch-Groteskes. Lange Zeit, bevor das Kloster gebaut wurde, befand sich auf dem Hügel eine keltische Siedlung, danach ein römisches Kastell und im 10. Jh. eine andere Burg namens Lavant. Die übriggebliebene Ägidiuskirche wurde im 17. Jh. abgerissen, als das jetzige Benediktinerkloster von Abt Marchstaller erbaut wurde.

Wolfsberg ■ E 3

Vorbei an der Ortschaft St. Andrä mit der barocken Wallfahrtskirche **Maria Loreto** gelangt man in die belebte Schul- und Einkaufsstadt Wolfsberg. Hübsche Geschäfte und Boutiquen sowie eine Fußgängerzone laden zu einem gemütlichen Bummel ein. In Sachen Kultur hat die Stadt zwischen Kor- und Saualpe einiges vorzuweisen: **Schloß Henckel Donnersmarck**, ein im Tudor-Stil erbauter Privatpalast mit öffentlich zugänglichem Park, die romanische Markuskirche mit einem Altarbild vom sogenannten Kremser-Schmidt, die spätgotische **Annen-Kapelle** sowie zahlreiche Renaissance-Bürgerhäuser.

Mehr an Kunst finden Sie weiter nördlich im Kurort → Bad St. Leonhard.

Essen und Trinken

Alter Schacht
Unweit der Autobahnabfahrt Wolfsberg bietet der Gasthof mit dem seltsamen Namen für jede Gelegenheit das Richtige. Ob ein kleiner Imbiß, ein herzhaftes Mittagsmahl oder ein mehrgängiges elegantes Dinner – Sie werden nicht enttäuscht sein.
9431 St. Stefan bei Wolfsberg
Tel. 0 43 52/31 21
So abends, Mo geschl.
Je nach Wünschen untere bis obere Preisklasse

DER BESONDERE TIP

Saualpe Wenngleich Einheimische manchmal leicht geringschätzig den nördlich von Völkermarkt verlaufenden Gebirgszug als »Kinder-Zweitausender« bezeichnen, so erwandern sie die sanften Almen und Bergkuppen doch selbst recht gern. Die Gipfel der Saualpe sind ja tatsächlich überaus lohnende Ziele, zumal man bis in relativ beachtliche Höhe mit dem Auto fahren kann. Von dort können selbst ältere Bergwanderer ihren »Zweitausender« ersteigen. Zu den leichtesten Touren zählt die Besteigung des **Ladinger Spitzes** (oder Große Saualpe) von der Wolfsberger Hütte aus. Die Gemeinde Völkermarkt verleiht Wandernadeln für besondere Leistungen. Auskunft erteilt das Fremdenverkehrsamt Völkermarkt, Hauptplatz 1, Tel. 0 42 32/25 71 47. ■ E 3/E 4

VÖLKERMARKT

Auch bei den Bewohnern von Völkermarkt als Ausflugsziel beliebt: die Saualpe

Einführung

Traumrouten sind sie nahezu alle, die Straßen und Wege, die Kärnten durchziehen. Lassen Sie Ihr Auto ruhig stehen – Sie werden es nicht bereuen.

Glücklicherweise müssen sich Kärnten-Urlauber keineswegs darauf beschränken, das Land nur mit dem PKW zu erforschen. Vielmehr gibt es kaum ein Verkehrsmittel, kaum eine Fortbewegungsart, mit Hilfe derer erkundungsfreudige Gäste das Bundesland nicht näher kennenlernen könnten.

Obwohl die Mehrzahl der Feriengäste für ihre Touren nach wie vor das eigene Auto bevorzugt, hat sich in jüngster Zeit in Kärnten aber auch der verstärkte Trend zu alternativen Fortbewegunsmöglichkeiten bemerkbar gemacht.

Eine Fülle von Spezialangeboten macht es nämlich möglich, dank einer Kombination aus **Bahn- und Radfahrten** als Pedalritter unterwegs zu sein und schwierige Strecken per Eisenbahn zurückzulegen. Oder wie wäre es mit einem **Erkundungsritt** durch Feld und Wald? Oder wollen Sie Kärnten lieber von den wogenden Wellen der zahlreichen Seen aus kennenlernen? Nicht zu vergessen die wohl billigste und gesündeste Variante eines ersten Rendezvous mit Österreichs südlichstem Bundesland – das **Wandern**! Ob also zu Lande, zu Wasser oder in der Luft – Kärnten ist für alle Gelegenheiten gerüstet, und Sie hoffentlich auch!

Alle wichtigen Orte und Ausflugsziele, die unterwegs auftauchen, finden Sie im Kapitel »Sehenswerte Orte und Ausflugsziele« ausführlicher beschrieben.

Alle Wege führen ans Ziel...

Mit dem Auto

Tagesausflug zur Großglockner Hochalpenstraße

TopTen 2

In Kärnten Urlaub zu machen, ohne dabei einen Blick auf den imposantesten und höchsten Berg Österreichs zu werfen, wäre so, als ob Sie Athen besuchen und die Akropolis auslassen würden. Immerhin führt Sie die kühn in den Fels gehauene Mautstraße nicht nur zu den schönsten Aussichtspunkten Österreichs, sondern gibt Ihnen auch Gelegenheit, seltenste, nahezu ausgestorbene Exemplare alpiner Flora und Fauna kennenzulernen.

Der **Nationalpark Hohe Tauern**, der größte Nationalpark Mitteleuropas, beherbergt rund 10 000 Tierarten. Zu den bekanntesten Tieren, die der Besucher hier beobachten kann, zählen der Alpensteinbock, die Gemse, das Murmeltier und der Steinadler. Windzerzauste Zwergstrauchheiden, Polsterpflanzen, die auf Schutt und Fels gedeihen, sowie verschiedene Flechtenarten weisen Ihnen den Weg zu diesem eindrucksvollen Dreitausender.

Die schnellste Anfahrt zur Großglockner Hochalpenstraße erfolgt von Kärnten aus über die Bundesstraße 106, der Sie bis Winklern folgen, um danach nach rechts auf die Bundesstraße 107 abzuzweigen. Nach einer kurzen Fahrt durch das **Mölltal** erreichen Sie **Heiligenblut**, wo die eigentliche Hochalpenstraße beginnt. Ehe Sie sich jedoch daran machen, die knapp 30 Kehren (bis nach Bruck in Salzburg) zu überwinden, sollten Sie hier noch kurz Rast machen.

Die **Pfarrkirche hl. Vinzenz** bietet nämlich abgesehen von dem weltberühmten Panoramablick auf den Glockner auch einen sehenswerten Bergsteigerfriedhof, einen Hochaltar aus der Werkstätte Michael Pachers und den allseits bekannten nadelspitzen Turm. In dem 13 Meter hohen geschnitzten Sakramentshaus soll übrigens der Legende nach jenes Fläschchen mit dem Blut Christi aufbewahrt sein, das einst neben dem erfrorenen Körper eines christlichen Söldners gefunden wurde und seither den Ruf Heiligenbluts als Wallfahrtsort begründete.

Alpines Panorama

Wenn man danach aus der Kirche tritt und ein wenig auf der Terrasse verweilt, kann man beim Betrachten einer der schönsten Szenarien Österreichs die Zeit vergessen. Da erhebt sich der **Großglockner** mit dem **Pasterzengletscher**, mit 3 798 Metern der höchste Berg Österreichs. Und als dem Klagenfurter Generalvikar Sigismund von Hohenwart im Jahr 1800 die Erstbesteigung gelang, hätte er sich wohl nicht träumen lassen, daß ihm nicht einmal 150 Jahre später jeder in beträchtliche Höhen folgen konnte, der ein Auto besaß und gewillt war, die Maut zu bezahlen.

Seit 1935 windet sich nunmehr die alpine Panoramastraße entlang von Almwiesen und verwittertem Kalkgestein bis hinauf in die gleißenden Gletscherregionen. Auf rund 48 Kilometer haben Sie dabei eine Steigung von maximal 12 Prozent zu bewältigen, was allerdings für geübte Bergfahrer keine allzu großen Schwierigkeiten mit sich bringt.

Gewaltige Gletscher

Bei **Guttal** haben Sie die Möglichkeit, auf die **Gletscherstraße** abzuzweigen. Auf der knapp 9 Kilometer langen Zufahrtsstraße zur **Franz-Josephs-Höhe** eröffnet sich über den letzten Lärchen vor der Baumgrenze ein erster Blick auf die imposante, 9,4 Kilometer lange und 1,2 Kilometer breite Pasterzenzunge. Der Gletscher ist 19 Quadratkilometer groß und 300 Meter dick, wobei sich das Eis jährlich um 10 bis 20 Meter zurückzieht. Bei der Franz-Josephs-Höhe angelangt, genießen Sie – vorausgesetzt das Wetter spielt mit – den traumhaften Ausblick auf das Glocknermassiv mitsamt seinen 40 Gletschern. Beeindruckend ist nicht nur die von hier ausgehende Gletscherbahn, ein Schrägaufzug zum Pasterzenboden (Fahrzeit etwa 2 Minuten), sondern auch die einmalige Fauna und Flora.

Murmeltier und Edelweiß

Mit etwas Glück können Sie hier Murmeltiere, Schneehühner oder Steinböcke beobachten. Nach diesem Abstecher kehren Sie wieder zurück auf die Glocknerstraße, um die nächste Etappe in Angriff zu nehmen. Vorbei am höchsten Punkt der Straße, dem 2575 Meter hohen **Hochtor**, führt die Straße zum **Fuscher Törl**, wo die **Edelweißstraße** ihren Anfang nimmt. Der rund 2 Kilometer lange Umweg ist wegen der prachtvollen Aussicht auf 37 Dreitausender-Gipfel und 19 Gletscher sicherlich lohnend.

Reisende, die auf der Weiterfahrt ins Bundesland Salzburg unterwegs sind, kehren danach wieder auf die Glocknerstraße zurück und erreichen nach einer romantischen Fahrt, vorbei am **Schleierwasserfall** und der zerklüfteten **Bärenschlucht**, bei **Bruck** das Ende dieser eindrucksvollen Hochgebirgsstraße.

All jene, die wieder zurück in die Kärntner Talgründe möchten, haben abermals eine imposante Fahrt vor sich, die Sie wieder ins Mölltal hinunterführt.

Anfahrt: B 106 bis Winklern; dort rechts auf die B 107, über Heiligenblut zur Großglockner Hochalpenstraße

Zu beachten: Wintersperre von etwa Oktober bis April

Dauer: Tagesausflug
Karte: → Klappe vorne

MIT DEM AUTO

Den »Opfern der Berge« ist der Friedhof der Pfarrkirche von Heiligenblut gewidmet

Mit dem Auto und zu Fuss

Tagesausflug zur Malta-Hochalmstraße

Für die Anfahrt benützen Sie am besten die Autobahn bis **Gmünd** und zweigen von dieser dann Richtung Malta ab. Nach rund 11 Kilometern Fahrt über die weiten Böden des unteren **Maltatales** erreichen Sie den Beginn der, von nun an mautpflichtigen, Malta-Hochalm-Straße, auf der Sie bequem und ohne allzu große fahrtechnische Anforderungen mitten in eine eindrucksvolle Hochgebirgslandschaft gelangen.

Vorbei an rauschenden Wasserfällen, über insgesamt neun Brücken und durch sieben Tunnel, kommen Sie am Ende der 18 Kilometer langen Strecke zur **Kölnbreinsperre**, hinter deren gewaltiger Mauer nicht weniger als 200 Millionen Kubikmeter Wasser gespeichert sind.

Im folgenden einige der schönsten Tips:

Osnabrücker Hütte (2 022 m)

Auf dem gut markierten Weg, der nahezu hangeben entlang des Kölnbreiner Stausees verläuft, gelangen Sie in circa zwei Stunden Gehzeit zur Osnabrücker Hütte (im Sommer bewirtschaftet). Abgesehen von der prächtigen Aussicht bietet diese Wanderung den Vorteil, daß sie auch von älteren oder ungeübten Wanderern sowie von Kindern bewältigt werden kann. Trainierten Wanderern sei noch ein Abstecher zum romantischen **Brunnkarsee** empfohlen. Als Belohnung für den eineinhalbstündigen Aufstieg winkt ein beeindruckender Blick auf die Bergwelt des Ankogels.

Arlhöhe (2 325 m)

Auf den Spuren der einstigen Wallfahrer nach Maria Luschari im Kanaltal wandeln Sie, wenn Sie die zweistündige Wanderung über die Arlscharte bis zur Arlhöhe planen. Sie folgen zunächst dem Weg am Norduferer des Stausees taleinwärts (Richtung Osnabrücker Hütte), zweigen nach 30 Minuten an der Gedächtnisstätte rechts ab und folgen dem Steg der vorbei an der Jägersteighütte bis zur **Arlscharte** (2 259 Meter) führt. Von hier geht es links ab zur Arlhöhe, die einen unvergeßlichen Panoramablick bietet.

Kattowitzer Hütte (2 319 m)

Etwas mühsam, allerdings dafür um so lohnender, ist der Aufstieg zur Kattowitzer Hütte. Vom Bergrestaurant Malta folgen Sie der roten Markierung und erreichen in einem dreistündigen Fußmarsch das im Sommer bewirtschaftete Schutzhaus. Neben kräftiger Stärkung gibt's als Zugabe einen traumhaften Fernblick.

Anfahrt: Autobahn bis Gmünd, Richtung Malta, Malta-Hochalmstraße

Dauer: Tagesausflug
Karte: → Klappe vorne

Tagesausflug zum Kärntner Fjord

So nennen viele Touristen und Einheimische den **Weißensee** wegen seiner langgestreckten Form, die sich zungenartig in das umliegende Landschafts- und Naturschutzgebiet vorschiebt. Wenn Sie – wie die Mehrzahl der Kärnten-Urlauber – nicht aus dem westlichen Teil Kärntens kommen, empfehlen wir, bei der Anfahrt auf die Autobahn zu verzichten und bereits bei Arnoldstein kurz nach Villach abzufahren.

Hier ist ein kurzer Zwischenstopp in **Thörl-Maglern** mehr als lohnenswert. In der Pfarrkirche **St. Andreas** sind nämlich Fresken zu bewundern, die selbst für ein an Kunstschätzen so reiches Land wie Kärnten größte Beachtung verdienen. Sie stammen von Thomas von Villach, Österreichs berühmtesten Wand- und Tafelmaler der Gotik, und stellen in wuchernder mittelalterlicher Symbolik Verdammnis und ewige Seligkeit dar.

Nach diesem Kunstgenuß geht es nun in Richtung Hermagor auf der Bundesstraße 111 weiter. Die gut ausgebaute Straße führt durch das **Gailtal**, vorbei an hübschen Orten wie **Nötsch**, **Feistritz** und **St. Stefan**, die jedoch meist umfahren werden. Kurz hinter Förolach haben Sie die Möglichkeit, einen Abstecher zu einem weitgehend noch unberührten Badeparadies zu machen. Der **Pressegger See** zählt, obwohl er von imposanten Hochgebirgsmassiven umgeben ist, zu den Seen mit extrem warmen Wassertemperaturen. Wer

930 m über dem Meeresspiegel und trotzdem Badeparadies – der Weißensee

mehr als ein rasches Bad in den kühlenden Fluten möchte, wird im ersten Kärntner Erlebnispark mit Luna-Loop, Nautic-Jet und Riesenrad den perfekten Badespaß vorfinden.

In **Hermagor** können Sie außer der sehenswerten Pfarrkirche **St. Hermagoras** und **Fortunatus** auch das Gailtaler Heimatmuseum (im Schloß Möderndorf) mit einer umfassenden volkskundlichen und kulturhistorischen Sammlung besichtigen. Ab Hermagor geht die Fahrt weiter auf der Bundesstraße 87.

Das **Gitschtal**, dem Sie nun folgen, gefällt vor allem durch seine Unberührtheit, die dem Tourismus noch nicht zum Opfer gefallen ist. Nach dem problemlos zu überwindenden Kreuzbergsattel führt eine kleinere Straße rechts ab nach **Techendorf** und somit zum Weißensee.

Warmer Bergsee

Der **Weißensee** ist mit 930 Metern Seehöhe der höchstgelegene Badesee des Bundeslandes. Um so überraschender ist es daher, daß er im Sommer Wassertemperaturen bis zu 24 Grad erreicht. Da der See nicht umfahren werden kann, führt an seiner engsten Stelle seit nun schon 800 Jahren eine Brücke von Techendorf nach **Naggl** ans Südufer des Sees.

Berg heil, Schiff ahoi

Techendorf ist nicht nur ein beliebtes Zentrum für Sportfischer aus aller Welt, die aus dem 97 Meter tiefen See neben Regenbogenforellen und Karpfen auch Zander, Schleie und Hechte fischen. Hier findet man auch den Ausgangspunkt für zahllose

Eine Vielzahl von Wanderwegen erstreckt sich rund um den Weißensee

Bergwanderungen auf rund 140 Kilometer markierten Wegen. Ein bei Bergsteigern besonders beliebter Gipfel ist der 2 236 Meter hohe **Latschur**. Nicht ganz so Bergbegeisterte werden vielleicht lieber eine geruhsame Schiffahrt mit erfrischender Brise bevorzugen (Rundfahrt circa 2 Stunden). Anlegestellen befinden sich in Gatschach, Techendorf, Neusach, Naggl, Ronacherfels, Paterzipf, Kleine Steinwand und Ortsee. Allerdings kann man am Weißensee auch Segeln, Surfen oder Tauchen. Und sollten Sie diese Tour im Winter unternehmen, so ist der Weißensee mit Sicherheit der größte Eislaufplatz, den Sie je gesehen haben, auf dem sogar Eisgolf-Turniere stattfinden.

Kostbare Fresken

Für die Rückreise empfehlen wir die raschere Route auf der Drautal-Bundesstraße 100, die Sie überdies an einem weiteren äußerst bemerkenswerten Freskenschatz vorbeiführt: Die unscheinbare kleine Kirche von St. Georg bei **Gerlamoos** beherbergt einen sehenswerten Freskenzyklus von Thomas von Villach (den Schlüssel für die Kirche erhalten Sie bei Familie Clocker, Gerlamoos 15).

So Sie rechtzeitig unterwegs sind, könnten Sie nun noch rasch Ihr historisches Wissen etwas aufpolieren und die Museen **St. Peter in Holz** (Römische Ausgrabungen), **Baldramsdorf** (Handwerksmuseum) und **Molzbichl** (frühmittelalterliche Funde) aufsuchen. **Spittal an der Drau** würde sich danach für einen gemütlichen Ausklang eines langen, erlebnisreichen Tages anbieten. Bummeln Sie durch die hübsche Altstadt, werfen Sie einen Blick auf **Schloß Porcia**, und genießen Sie den Abend in einem der zahlreichen Gasthöfe und Restaurants. Die Heimfahrt auf der Autobahn bringt Sie danach schnell in Ihr Feriendomizil.

Anfahrt: Bis Arnoldstein Autobahn, B 111 Richtung Hermagor, dann B 87

Auskunft:
1. Kärntner Erlebnispark, Pressegger See, Tel. 0 42 82/33 88
Gailtaler Heimatmuseum, Schloß Möderndorf bei Hermagor, Öffnungszeiten: 1. Mai–30. Sept. 8–12, 15–18 Uhr
Weißensee-Schiffahrt: Tel. 0 47 13/22 67
Museum »Carantana«, Molzbichl, Öffnungszeiten: Mai–Sept. So–Fr 10–12, 13–17 Uhr
Museum »Teurnia«, St. Peter in Holz, Öffnungszeiten: Mai–Okt. 9–12, 13–17 Uhr
Freilichtmuseum am Holzer Berg ganzjährig zugänglich
Museum Baldramsdorf, Öffnungszeiten: Mitte Mai–Mitte Sept. 9–12, 14–17 Uhr

Dauer: Tagesausflug
Karte: → Klappe vorne

MIT DEM FAHRRAD

Drauradweg

Trau Dich aufs Rad – mit Slogans wie diesem oder »Werden Sie doch Land Rad« und »Wir verleihen Ihnen das Doktor Rad« artikulierte die Kärntner Fremdenverkehrswerbung ihre verstärkten Bemühungen, Radfahren in Kärnten so attraktiv wie nur möglich zu gestalten. So gibt es denn auch eine Vielzahl von Aktionen, die Touristen das Umsteigen vom eigenen PKW auf den Drahtesel schmackhaft machen sollen. Neben dem Angebot der Bundesbahn, an 22 Bahnhöfen ein Fahrrad auszuleihen und dieses an einem beliebigen anderen Bahnhof wieder abgeben zu können, gibt es noch eine Menge anderer Initiativen, die die interessantesten Varianten eines Urlaubs mit Rad ermöglichen (eine ausführliche Broschüre ist über die Tourismus GesmbH erhältlich).

Die sicherlich eindrucksvollste und längste Radtour führt Sie auf dem **Drauradweg** quer durch Kärnten. Nach dem Motto »... und immer den Fluß entlang« beginnt der Radweg in **Spittal**, folgt der Drau, um schließlich nach 120 Kilometern in **Völkermarkt** zu enden. Vermutlich werden nur gut trainierte Pedalritter die gesamte Strecke auf dem Rad zurücklegen, doch exakte Beschriftungen und die Möglichkeit, zwischendurch per Bahn weiterzumachen, machen ein »Quereinsteigen« jederzeit möglich. Ob Sie nun tatsächlich die gesamte Strecke in Angriff nehmen wollen, oder nur eine Teiletappe auswählen unsere Streckenbeschreibung (jeweilige **Etappenlänge 10 Kilometer**) soll Ihnen in jedem Fall dabei nützliche Hinweise geben:

1. Etappe: Spittal – Beinten
Streckenverlauf: Ausgangspunkt Bahnhof Spittal, über Aich, St. Peter in Holz, Molzbichl, parallel zur Autobahn bis zur Draubrücke bei Mauthbrücken/Beinten; Sehenswert: Spittal mit Renaissanceschloß Porcia und Seilbahn auf das Goldeck, St. Peter in Holz mit Museum »Teurnia« (römische Ausgrabungen), Molzbichl mit frühchristlichem Museum »Carantana« und Schloß Rothenthurn mit Fresken in der Schloßkapelle.

2. Etappe: Beinten – Feffernitz
Streckenverlauf: Vom Rastplatz Beinten entlang der Drau flußabwärts, über Rastplatz Ferndorf Kraftwerk Paternion, Wechsel auf das rechte Drauufer, entlang der Drau über Feistritz, Pobersach nach Feffernitz; Sehenswert: Paternion mit spätgotischem Schloß, Feistritz mit frühchristlichen Ausgrabungen im Inneren eines spätrömischen Kastells, Maria am Bichl mit gut erhaltenen Wandmalereien aus dem 15. Jh. in der Kapelle; Extratip: traumhafter Fernblick auf das Drautal vom Schloßhügel Paternion; ideales Angelgebiet!

3. Etappe: Feffernitz – Gummern
Streckenverlauf: Von der Drauschleife Feffernitz nach Kelle

MIT DEM FAHRRAD

Kräftesammeln für den Drauradweg: die Parkanlage von Schloß Porcia in Spittal

MIT DEM FAHRRAD

berg, vorbei am Kraftwerk Kellerberg sowie an Töplitsch und über die Gummerner Brücke nach Gummern; Sehenswert: Ortschaft Kellerberg mit Khevenhüller-Forsthaus aus dem 14. Jahrhundert, der gotischen Pfarrkirche St. Ulrich, der Ulrichskapelle aus dem 11. Jahrhundert sowie einem Jagdschloß aus dem 15. Jahrhundert; Kraftwerk Kellerberg mit künstlich angelegter »Fischleiter«; Extratip: Bademöglichkeit in Puch am linken Drauufer; Freizeitzentrum in Töplitsch.

4. Etappe: Gummern – Villach
Streckenverlauf: Von Gummern entlang der Drau vorbei am Marmorsteinbruch, unter der Autobahn hindurch bis zum Kraftwerk Villach (Rastplatz mit Trinkwasserbrunnen), von da an Route beidseitig der Drau möglich bis direkt ins Zentrum von Villach; Sehenswert: Kraftwerk Villach, Villach mit all seinen Sehenswürdigkeiten, Warmbad Villach mit Thermalbad und Kurpark, Leonhard und Vassacher See; Extratip: Für geübte Radfahrer mit Bergerfahrung empfehlenswerter Abstecher auf den Dobratsch (Villacher Alpe) mit üppigem Botanischen Alpengarten, Sessellift zum Gipfel und herrlichem Panoramablick.

5. Etappe: Villach – Föderlach
Streckenverlauf: Von Villach am linken Drauufer entlang bis zur Seebachmündung, ab vom Radweg, weiter auf öffentlichen Straßen durch Magdalenen, über den Silbersee nach St. Ulrich, unter der Autobahn hindurch zur Wernberger Schleife, über Gottestal nach Föderlach; Sehenswert: Magdalenensee, Silbersee, Renaissanceschloß Wernberg mit barocker Schloßkirche; Extratip: lohnenswerte Abstecher zum Feriengebiet Faaker See mit Rad-WM-Strecke und sehenswertem Bildstock bei Egg am Faaker See sowie zur Burgruine Landskron mit Greifvogelschau möglich.

6. Etappe: Föderlach – Mühlbach
Streckenverlauf: Von Föderlach entlang des linken Drauufers, nach 250 Metern Schiebestrecke zum Wehr St. Martin, nach der Orten Drau und Emmersdorf über die Brücke nach Rosegg, am Tierpark vorbei nach Frög über die Kleinberger Brücke entlang des Oberwasser-Kanals bis zum Kraftwerk Rosegg, danach leichter Anstieg nach Mühlbach und hinunter zur Drau. Sehenswert: Wildpark Rosegg, Hügelgräber aus der Hallstattzeit in Frög, Galerie St. Lambrecht mit moderner Kunst: Extratip: geologischer Lehrpfad in Rosegg.

7. Etappe: Mühlbach – Maria Elend
Streckenverlauf: Entlang einer Trockenau auf neu angelegtem Kies- bzw. Makadamweg von Mühlbach nach Dreilach, vorbei an Längdorf, nach Feistritz im Rosental, entlang der Dammkrone vorbei an Dragositschach, Fresnach und Maria Elend nach St. Oswald; Sehenswert: Wallfahrts-

Mit dem Fahrrad

kirche Maria Elend mit gotischem Flügelaltar, barocke Gnadenkapelle südlich von Maria Elend sowie die spätgotische Pfarrkirche von St. Jakob im Rosental. Extratip: Surfen und Schwimmen im Feistritzer Stausee möglich.

8. Etappe: Maria Elend – St. Johanner Au

Streckenverlauf: Vorbei an St. Oswald, dem Natur-Erlebnisdorf Rosental und danach entlang der Dammkrone bis zum Kraftwerk Feistritz. Sehenswert: Erlebnisdorf Rosental mit Kräutergarten und Wanderwegen sowie das »Franzosenkreuz« (zum Gedenken an die Napoleonischen Kriege). Extratip: Möglichkeit zu einer »Plättenfahrt« (mit großem, hölzernen Floß) auf dem Feistritzer Stausee.

9. Etappe: St. Johanner Au – Glainach

Streckenverlauf: Auf der Dammkrone vorbei an Weizelsdorf, Kirschentheuer, dem Badesee Reßnig zum Kraftwerk Ferlach (schöner Rastplatz); danach über Otrouza nach Glainach. Sehenswert: Kappel mit barocker Pfarrkirche hl. Zeno, Ferlach mit Büchsenmacher-Museum; Extratip: Abstecher zur romantischen Tscheppa-Schlucht sowie Möglichkeit zu einer nostalgischen Fahrt mit dem Dampfbummelzug zwischen Weizelsdorf und Ferlach (nur samstags während der Saison).

10. Etappe: Glainach – Linsendorf

Streckenverlauf: Von Glainach entlang der Drau bis zur Rottensteiner Brücke, über die Drau und am linken Ufer weiter nach Linsendorf. Sehenswert: Schilfgürtel bei Untergunstchach mit zahlreichen Vogelarten; Extratip: hübsche Bademöglichkeit bei der Rottensteiner Brücke.

11. Etappe: Linsendorf – Kleindorf

Streckenverlauf: Von Linsendorf beim Kraftwerk Annabrücke über die Drau, hinunter zur Annabrücke, entlang der Drau, vorbei an der Möchlinger Au nach Kleindorf. Sehenswert: Schloß Saager nördlich der Drau mit Zentrum moderner Kunst, Möchlinger Au mit seltener Flora und Fauna.

12. Etappe: Kleindorf – Völkermarkt

Streckenverlauf: Von Kleindorf bei Seidendorf über die Tainacher Brücke, direkt entlang der Drau, vorbei an Rakollach, am Vogelschutzgebiet Neudenstein, hinauf zum Schloß Neudenstein und danach wieder hinunter zur Brücke Völkermarkt. Sehenswert: Schloß Neudenstein mit Renaissance-Innenhof, Völkermarkt; Extratip: Abstecher zum Badeparadies Klopeiner See von Seidendorf aus.

Karte: → Klappe vorne

KÄRNTEN VON A BIS Z

WICHTIGE INFORMATIONEN

Auskunft

Auf alle Fragen, die Kärnten betreffen, erhalten Sie bei folgenden Adressen Antwort:
Landesfremdenverkehrsamt Kärnten
Kaufmanngasse 13
9020 Klagenfurt
Tel. 04 63/5 54 88, Fax 5 54 88 10
Kärntner Tourismus GesmbH
Casinoplatz 1
9220 Velden
Tel. 0 42 74/5 21 00, Fax 5 21 00 50
In der Bundesrepublik Deutschland und in der Schweiz stehen Ihnen folgende Informationsstellen zur Verfügung:
Bundesrepublik Deutschland:
Österreich Werbung
– Tauentziehstr. 16
10789 Berlin
Tel. 0 30/24 80 35 und 24 10 12
– Roßmarkt 12
60331 Frankfurt/Main
Tel. 0 69/2 06 90
– Tesdorpstr. 19
20148 Hamburg
Tel. 0 40/4 10 20 13
– Alter Markt 28–30
50667 Köln
Tel. 02 21/23 32 36
– Rotwandweg 4
82024 Taufkirchen
Tel. 0 89/66 67 01 00, Fax 6 14 08 26
– Rotebühlplatz 20 d
70173 Stuttgart
Tel. 07 11/22 60 82
Schweiz:
– Zweierstr. 14 b
8036 Zürich
Tel. 01/4 51 15 51

Bevölkerung

Kärnten wird nahezu ausschließlich, genauer gesagt zu 95 Prozent, von deutschsprachigen Einwohnern bevölkert. Die Minderheit von 5 Prozent wird im Kärntnerischen als »windisch« bezeichnet, was soviel wie fremdartig bedeutet. Gemeint ist damit die slowenische Bevölkerung. Die beiden Völker verbindet eine mehr als zwölfhundertjährige gemeinsame Geschichte, sind doch erste Ansiedlungen der Slawen seit dem 6. Jh. nachweisbar. Im Laufe der Zeit wurde die slowenische Bevölkerung vom Kärntner Boden verdrängt, so daß heute lediglich fünf Prozent der Bevölkerung Kärntens Slowenen sind. Das schafft Probleme, die man in den Griff zu bekommen sucht, indem man beispielsweise in den betroffenen Gebieten (Gail-, Rosen- und Jauntal) zweisprachige Ortstafeln sowie deutsch-slowenische Schulen genehmigt.

Camping

Campingfreunden stehen in Kärnten etwa 120 Plätze zur Verfügung, über zwei Drittel davon in Seelage. Mit Anhänger an Ihrem Wagen haben Sie allerdings auf einigen Straßen das Nachsehen. Dazu zählen unter anderem: Gailbergsattel, Großglockner-Hochalpenstraße, Katschberg, Kreuzbergsattel, Plöckenpaß, Turracher Höhe, Villacher Alpe, Naßfeld, Wurzenpaß, Nockalmstraße und Maltatal-Hochalmstraße. Eine vom Landesfremdenverkehrsamt Kärnten herausgebrachte Broschüre verschafft einen ersten Überblick über »Camping in Kärnten«.

Diplomatische Vertretungen

In Österreich:
Botschaft der Bundesrepublik Deutschland
Metternichgasse 3
1030 Wien
Tel. 02 22/71 15 40
Konsulat der Bundesrepublik Deutschland
Mießtaler Str. 14

KÄRNTEN VON A BIS Z

9020 Klagenfurt
Tel. 04 63/5 61 60
Mo–Fr 9–12 Uhr
Schweizer Botschaft
Prinz-Eugen-Str. 7
1030 Wien
Tel. 02 22/7 95 05-0

In Deutschland:
Österreichische Botschaft
Johanniterstr. 2
53113 Bonn
Tel. 02 28/53 00 60

In der Schweiz
Österreichische Botschaft
Kirchenfeldstr. 28
3005 Bern
Tel. 0 31/43 01 11-15

Feiertage

Österreich ist neben Italien das Land mit den meisten Feiertagen auf der ganzen Welt. An diesen Tagen sind alle Geschäfte, viele Museen, Gaststätten und Restaurants geschlossen.

1. Jan. Neujahr
6. Jan. Heilige Drei Könige
Ostermontag
1. Mai Staatsfeiertag
Christi Himmelfahrt
Pfingstmontag
Fronleichnam
15. Aug. Mariä Himmelfahrt
26. Okt. Nationalfeiertag
1. Nov. Allerheiligen
8. Dez. Mariä Empfängnis
25. und 26. Dez. Weihnachten

Fernsehen

Der Österreichische Rundfunk (ORF) strahlt zwar selbst nur zwei Fernsehprogramme aus, doch die meisten Hotels und Gasthöfe sind entweder an ein Satelliten- oder Kabelfernsehprogramm angeschlossen. So können Gäste aus Deutschland und der Schweiz wenigstens einen Teil ihres gewohnten Programms verfolgen. Einige Hotels bieten als besonderen Service auch Videoprogramme an.

Diese Lüftlmalerei finden Sie in Maria Luggau im Lesachtal!

WICHTIGE INFORMATIONEN

FKK

Kärnten verfügt über eine große Anzahl von Seen mit FKK-Strand. Ohne Badehose kann man an folgenden Seen ins kühle Naß: Keutschacher See, Tigringer See (bei Moosburg), Millstätter See: FKK-Strand Pesenthein (2 km östlich von Millstatt), Wörther See: Körpersportvereinigung »Wörther See«, Familiengelände Maiernigg, Viktring und »Rutar-Lido« in Eberndorf im Jauntal.

Fotografieren

Kärnten ist für jeden Hobbyfotografen ein wahres Eldorado. Motive gibt es hier in Hülle und Fülle. Das wohl am häufigsten abgelichtete Motiv ist eines jener zahlreichen Marterl (Bildstöcke), die man in Kärnten so oft antrifft: das Marterl in Egg am Faaker See mit dahinter steil aufragendem Mittagskogel. Filme und Fotomaterial gibt es übrigens überall, auch an Souvenir-Ständen und in vielen Trafiken.

Geld

In Kärnten gelten Schillinge, wobei 1 Schilling 100 Groschen wert ist. Im Umlauf sind Münzen zu 5 g, 10 g, 50 g, 1 S, 5 S, 10 S und 20 S sowie Banknoten im Wert von 20 S, 50 S, 100 S, 500 S, 1 000 S, und 5 000 S. Der Währungskurs bleibt ziemlich stabil, wobei 100 öS etwa 14,20 DM oder 12,80 sfr. entsprechen. Eurocheques werden nahezu überall angenommen, gängige Kreditkarten (VISA, American Express, Diners und Eurocard) werden größtenteils akzeptiert, wobei es empfehlenswert ist, auf die entsprechenden Aufkleber bei Restaurants und Geschäften zu achten.

Kleidung

Trachtenkleidung ist selbst aus dem modernen Kärntner Alltag nicht wegzudenken. Die traditionelle, farbenprächtige Festtagstracht, wie jene aus dem Gail-, Lesach- oder Rosental, sichtet man freilich nur

Die wichtigsten österreichischen Münzen und Scheine

Kärnten von A bis Z

mehr bei besonderen Anlässen, wo die Frauen stolz ihre weitschwingenden plissierten Röcke und die Goldhauben zur Schau tragen. Das männliche Pendant dazu bilden die »Stößlhosen«, wie die schwarzen Kniebundhosen auch genannt werden, sowie die samtenen Westen und die leuchtenden Seidenkrawatten. So selten diese Prachtstücke aus den wuchtigen Bauernkästen herausgeholt werden, so wenig verzichtet der Kärntner im Alltag hingegen auf die »Business«-Variante: einfacheres Dirndl, je nach Gegend unterschiedlich, für die Damen, brauner Lodenanzug mit grünen Aufschlägen und Biesen für die Herren.

Kurorte

Wegen des reichhaltigen Angebots von natürlichen Heilvorkommen und Heilmitteln hat sich Kärnten im Laufe der Zeit zu einem Gebiet mit diversen Heilbädern entwickelt. Rekonvaleszenten und Heilungssuchende können unter einer Vielzahl von Kurorten wählen. Informationsbroschüre erhältlich bei
Kärntner Tourismus GesmbH
Casinoplatz 1
9220 Velden
Tel. 0 42 74/5 21 00

Medizinische Versorgung

Es werden größtenteils Auslandskrankenscheine angenommen. Sie sollten sich jedoch vorher bei Ihrer Krankenkasse in dieser Hinsicht informieren. Ein Verzeichnis der diensthabenden Ärzte und Apotheken in Nacht- und Wochenenddienst wird regelmäßig in den Lokalzeitungen veröffentlicht.
Ärztenotdienst
Tel. 1 41
Rettung
Tel. 1 44

Notruf

In ganz Kärnten haben folgende Notruf-Telefonnummern Gültigkeit:
ARBÖ-Pannendienst 1 23
Feuerwehr 1 22
ÖAMTC-Pannendienst 1 20
Polizei 1 33
Rettung 1 44

Öffnungszeiten

Die Öffnungszeiten sind so flexibel, wie der jeweilige zuständige Fremdenverkehrsreferent durchsetzungsfähig ist. Im allgemeinen gelten allerdings folgende Richtlinien:
Banken: Mo–Fr 8–12.30, 13.30–15.30, Do bis 17 Uhr.
Geschäfte: 8–18 Uhr, Lebensmittelläden mitunter bis 18.30 Uhr.
Kirchen: Aufgrund der in den letzten Jahren immer häufigeren Kirchen-Diebstahlsdelikte sind leider die schönsten und wertvollsten Gotteshäuser zumeist verschlossen, wobei man jedoch fast immer beim Mesner den Kirchenschlüssel erhält. Ab der Morgenmesse bis in die frühen Abendstunden sind hingegen die meisten der städtischen Kirchen geöffnet.

Politik

Wirft die österreichische Politik international gesehen vergleichsweise wenig Probleme auf, so gibt das einstige Nachbarland Kärntens mehr Grund zur Sorge. Kärnten-Urlauber spüren davon allerdings glücklicherweise überhaupt nichts. Hat doch Slowenien, der unmittelbar an Kärnten angrenzende, junge Staat, nun schon seit geraumer Zeit einen absolut europareifen, sicheren Status inne. In punkto Sicherheit brauchen demnach Gäste aus dem In- und Ausland keinerlei Bedenken zu haben.

KÄRNTEN VON A BIS Z

WICHTIGE INFORMATIONEN

Post

Die Postämter – dort können Sie auch Devisen tauschen – sind von Mo–Fr 8–12 und 14–18 Uhr (Geldverkehr meist nur bis 17 Uhr) geöffnet. Das Porto für einen Brief ins Ausland beträgt zur Zeit 7 öS, für eine normale Postkarte 6 öS, Eilbotenzuschlag 30 öS und Einschreiben 20 öS.

Reisedokumente

Für den Aufenthalt in Österreich bis zu drei Monaten benötigen Urlauber aus der Bundesrepublik lediglich einen Personalausweis.

Reisewetter

Die Mehrzahl der Gäste besucht Kärnten entweder im Sommer, wenn die sommerlichen Temperaturen die Seen gewaltig aufheizen, oder im Winter, wenn ziemlich kalte Temperaturen dafür sorgen, daß Schnee nicht zur Mangelware wird. Wer hingegen in der Vor- und Nachsaison Kärnten bereist, muß zwar auf Bade- oder Skivergnügen verzichten, hat jedoch den unleugbaren Vorteil, als Gast tatsächlich König zu sein. Abgesehen davon haben ja auch blühende Bäume oder herbstlich gefärbte Wälder ihren Reiz. Dabei ist allerdings zu beachten, daß nicht alle Betriebe ganzjährig geöffnet haben.

Rundfunk

Der Österreichische Hörfunk strahlt drei Radioprogramme aus, wobei das Regionalprogramm im jeweiligen Bundesland eigenständig moderiert wird. Für Urlauber dürften folglich die regionalen Informationen bezüglich Wetter, Wassertemperaturen, Veranstaltungen etc. interessant sein. Bei weiteren Fahrten empfiehlt es sich, die aktuellen Verkehrsinformationen auf Ö3 (genaue Frequenz oft am Straßenrand der Durchzugsstraßen angegeben) zu verfolgen.

Die genauen Klimadaten am Beispiel von **Velden**:

	Durchschnittstemperaturen in °C		Sonnenstunden	Regentage/
	Tag	Nacht	pro Tag	Schneefalltage
Januar	-5,2	-12,6	3,0	17/15
Februar	-3,8	-11,3	3,9	15/13
März	2,1	-4,9	5,0	13/9
April	10,9	2,4	5,7	13/3
Mai	18,2	8,9	7,1	13/0
Juni	23,6	14,5	8,0	12/0
Juli	26,0	17,2	8,5	13/0
August	24,7	16,1	7,7	12/0
September	20,1	11,6	6,0	12/0
Oktober	13,9	6,3	4,5	12/1
November	5,7	0,1	2,3	15/6
Dezember	-2,6	-8,9	2,5	17/14

Quelle: Deutscher Wetterdienst, Offenbach

Kärnten von A bis Z

Sprache

Obwohl rund 99 Prozent der Gesamtbevölkerung Österreichs deutsch sprechen, gibt es gerade im Grenzland Kärnten viele Menschen, die slowenisch oder das Mischidiom aus beiden Sprachen, windisch, sprechen. Das Windische ist keine Schriftsprache. In manchen Ortschaften im südlichen Kärnten sind die Ortstafeln in deutscher und slowenischer Sprache verfaßt.

Stromspannung

220 Volt Wechselstrom.

Telefon

Sie telefonieren am günstigsten von einer öffentlichen Telefonzelle aus. Die Gebühren für drei Minuten Inlandsgespräch betragen hier von einem öffentlichen Münzapparat rund 2,50 öS, für eine Minute Ferngespräch in die Bundesrepublik, an Werktagen von 8–18 Uhr rund 8,70, sonst 6,70 öS. Für ein Gespräch in die Bundesrepublik wählen Sie 06 vor, in die Schweiz 05. Die Vorwahl aus dem Ausland nach Österreich ist 0043.

Tiere

Hunde und Katzen benötigen für die Einreise nach Österreich ein ärztliches Tollwutimpfzeugnis, das nicht älter als 30 Tage sein darf.

Trinkgeld

In den Rechnungsendbeträgen ist ein meist 10prozentiges Bedienungsgeld inbegriffen, wobei es allerdings üblich ist, den Service mit einem Trinkgeld extra zu honorieren, das im Gastgewerbe bei etwa 10 Prozent des Betrages liegt. Trinkgeld erwarten auch Gepäckträger, Taxichauffeure, Garderobenpersonal oder Friseusen (zwischen 5 und 20 öS).

Wirtschaft

Die Land- und Forstwirtschaft dominiert in Kärnten vor den beiden anderen Hauptwirtschaftszweigen Bergbau und Fremdenverkehr. Villach ist der größte Umschlagplatz für die Holzwirtschaft; international bekannt ist die Klagenfurter Holzmesse im September. An Bodenschätzen werden Magnesit sowie Blei und Zink abgebaut. Der Tourismus ist trotz des Ausbaus im Wintersportbereich in den Sommermonaten wirtschaftlich ergiebiger.

Zeitungen

Deutschsprachige Zeitungen und Zeitschriften erhalten Sie in allen Fremdenverkehrszentren in Geschäften und Supermärkten sowie in Tabak-Trafiken.

Zoll

Gegenstände für den persönlichen Gebrauch dürfen nach Österreich zollfrei eingeführt werden, worunter auch Jagdwaffen fallen, die jedoch deklariert werden müssen. Zollfrei sind 200 Zigaretten oder 50 Zigarren (entspricht 250 g Tabak), 2 l Wein und 1 l Spirituosen pro Person. Reiseandenken dürfen Sie bis zu 400 DM pro Person ohne Angaben über die Grenze mit nach Hause nehmen.

GESCHICHTE AUF EINEN BLICK

900 v. Chr.
Die Noriker, ein illyrischer Stamm, wandern vom Südosten ein und besetzen das Ostalpenland, das später nach ihnen Noricum genannt wird.

129 v. Chr.
Die handwerklich begabten und fleißigen Noriker gehen mit den Römern enge Handelsbeziehungen ein und schließen mit ihnen einen Schutzpakt gegen die Kimbern und Teutonen.

113 v. Chr.
Die Kimbern und Teutonen fallen ein und besetzen Noricum.

15 v. Chr.
Kaiser Augustus läßt das norische Reich durch römische Truppen besetzen.

45 n. Chr.
Kaiser Claudius gliedert die Provinz Noricum, deren Regierungssitz sich auf dem Magdalensberg befindet, dem römischen Imperium an.

476
König Odoaker gibt den Befehl, das römische Heer aus Noricum zurückzudrängen, worauf die Hunnen einfallen und das Land verwüsten und plündern.

660
König Samo bereichert sein Slawenreich um »Karantanien«, wie die einstige römische Provinz nun nach der Karnburg, ihrem Zentrum, genannt wird.

743
Fürst Boruth ruft gegen die heranstürmenden Awaren den Baiernherzog Odilo zu Hilfe, der als Gegenleistung Karantanien unter die Oberhoheit von Baiern stellt und christianisiert.

796
Karl der Große stürzt den Baiernherzog Tassilo und bringt Karantanien unter die Herrschaft seines Frankenreiches.

976
Unter den Luitpoldingern wird das Land erstmals selbständiges Reichsherzogtum mit den Marken Verona, Friaul, Istrien, Krain und der späteren Steiermark.

1120
Das Fürstenhaus der Sponheimer wird nach den Luitpoldingern, Saliern, Eppensteinern, Zähringern und Luidolfingern mit Kärnten belehnt.

1335
Die Habsburger lenken von nun an bis zum Ende der Donaumonarchie die Geschicke des Landes, unter Beibehaltung seiner landständischen Selbständigkeit (Herzogseinsetzung).

1473–95
Acht Einfälle türkischer Truppen können zurückgeschlagen werden.

1518
Klagenfurt wird zur Landeshauptstadt erhoben. Das gesamte Land wird in kurzer Zeit protestantisch.

1628
Unter dem starken Einfluß der Gegenreformation wird der evangelische Adel aus dem Land vertrieben.

1797
Napoleon marschiert zum ersten Mal mit seinen Truppen durch Kärnten.

Geschichte auf einen Blick

1809–14
Oberkärnten wird den »Illyrischen Provinzen« des französischen Kaiserreiches unter Napoleon einverleibt.

1918
Nach dem Ende des Ersten Weltkriegs okkupieren jugoslawische Truppen Südkärnten. Die Folge sind blutige Konflikte im »Kärntner Freiheitskampf«.

1920
Am 10. Oktober votieren 59 Prozent der vorwiegend slowenischen Bevölkerung des Kärntner Grenzlandes im Rahmen einer Volksabstimmung für die Zugehörigkeit zu Österreich, wodurch Südkärnten Österreich zugesprochen wird.

1955
Jugoslawien meldet erneut Gebietsansprüche an, die aufgrund des Staatsvertrages zurückgewiesen werden. Die slowenische Minderheit (rund 5 Prozent) lebt heute vorwiegend in Südkärnten.

1958
Eröffnung des Flughafens Klagenfurt Wörther See, wodurch ein bedeutender Schritt zur Belebung des Kärntner Fremdenverkehrs gesetzt werden kann.

1965
Ende Dezember hebt Jugoslawien den Visumszwang für Österreicher auf.

1972
Ein Regierungsentwurf sieht die Installierung von zweisprachigen Ortstafeln in jenen Regionen vor, die mindestens einen zwanzigprozentigen slowenischsprechenden Bevölkerungsanteil aufweisen. Als daraufhin im Herbst die ersten zweisprachigen Ortstafeln aufgestellt werden, nimmt der sogenannte »Ortstafelkonflikt« zwischen nationalen und slowenenfreundlichen Kärntnern seinen Beginn, was mitunter zu recht gewaltsamen Auseinandersetzungen und Sprengstoffanschlägen führt.

1973
Kärnten verliert zwei seiner bedeutenden Literatinnen: Christine Lavant und Ingeborg Bachmann.

1976
Anfang Mai wird auch Kärnten von dem schweren Erdbeben, dessen Zentrum in Friaul gelegen ist, betroffen.

Zahlreiche Feierlichkeiten anläßlich des Jubiläums »1 000 Jahre Kärnten«. Im November wird die »geheime Erhebung der Muttersprache« in ganz Österreich durchgeführt, die Klarheit in das Kärntner Slowenenproblem bringen soll, die jedoch von den Slowenen strikt abgelehnt wird. Sie pochen weiterhin auf das ihnen – gemäß dem Staatsvertrag – zustehende Recht auf Gleichberechtigung, dem die Regierung auch Schritt für Schritt nachzukommen versucht.

1991
Die kriegerischen Auseinandersetzungen im ehemaligen Jugoslawien ziehen auch Kärnten teilweise in Mitleidenschaft, da Granaten-Fehlschläger jenseits der österreichischen Grenze einschlagen. Die kritische Situation beruhigt sich jedoch rasch.

1994
Kärntens »junger« Nachbarstaat Slowenien hält beste Beziehungen zu Österreich aufrecht und ist zum Garant für ein friedliches Grenz-Verhältnis geworden.

ORTS- UND SACHREGISTER

WICHTIGE INFORMATIONEN

Hier finden Sie die in diesem Band beschriebenen Orte und Ausflugsziele. Außerdem enthält das Register wichtige Stichworte, landessprachliche Bezeichnungen sowie alle Tips dieses Reiseführers. Wird ein Begriff mehrfach aufgeführt, verweist die **fett** gedruckte Zahl auf die Hauptnennung. Die **Buchstaben-Zahlen-Kombinationen** nach den Seitenangaben verweisen auf die Planquadrate der Karten.

A
Alter Platz (Klagenfurt) 41; c2/d2
Altes Rathaus (Völkermarkt) 97
Angeln 31
Ankunft 12
Anreise 12
Arlhöhe 108
Arlscharte 108
Auskunft 116
Autofahren 12, **14**, 105, 108, 109
Autoreisezug 13
Autoverleih 15

B
Bad Kleinkirchheim 62; C4
Bad St. Leonhard 99; E3
Bahnverbindungen 13
Baldramsdorf 111
Bärenschlucht 106
Beinten 112
Bergbau-Museum (Klagenfurt) 46; a1
Bergbaumuseum (Seen) 81
Bergsteigen 31
Bergwandern 31
Bevölkerung 116
Bezirksheimatmuseum Spittal 59
Bleiburg 100; E4
Botschaft 116
Bruck 106
Brunnkarsee 108
Bungy Jumping (Ruden, Tip) 33
Bürgerspital (St. Veit) 72

C
Camping 116

D
Diex 100; E4
Diözesanmuseum (Klagenfurt) 46; d4
Diplomatische Vertretungen 116
Domkirche (Klagenfurt) 41; d4
Drachenfliegen 31
Drauradweg 112

E
Einkaufen 24
Eisen-Freilichtmuseum (Seen) 81
Eisenkappel 100; E5
Erstes Kärntner Handwerksmuseum (Spittal) 60
Eßdolmetscher 22
Essen und Trinken 18
Eurocheques 118
Europapark (Klagenfurt) 41; a4

F
Faaker See 90; C4/D4
Fahrradverleih 15
Fahrzeugmuseum (Villach) 87
Feffernitz 112
Feiertage 117
Feistritz 109
Felbertauernstraße 13
Feriendorf Pressegger See (Tip) 28
Ferienhäuser 16
Ferienwohnungen 16
Fernsehen 117
Feste 34
Fischereimuseum Seeboden 65
FKK 118
Flugverbindungen 13
Föderlach 114
Fotografieren 118
Franz-Josephs-Höhe 106
Freilichtmuseum am Holzer Berg 68
Freilichtmuseum Eisenhüttenwerk (Seen) 81
Freilichtmuseum Hemmaberg 100; E4/E5
Freistritz 109
Fremdenverkehrsamt 116
Friesach 5, **77**; D3
Fuscher Törl 106

G
Gailtal 109
Geld 118
Gerlamoos 111
Geschichte 122
Getränke 18
Gitschtal 110
Glainach 115
Gmünd 5, **62**, 108; C3
Goldeck 64; B4
Golf 31
Griffen 101; E4
Großglockner 105
Großglockner Hochalpenstraße 12, **105**
Gummern **112**, 114
Gurk 8
Guttal 106

H
Hauptplatz (St. Veit) 73
Hauptplatz (Villach) 86

Orts- und Sachregister

Hauptplatz (Völkermarkt) 97
Hauptstadtpfarrkirche (Villach) 86
Heiligenblut 105
Heiligengeistkirche (Klagenfurt) 44; c2/c3
Heiligenkreuzkirche (Villach) 86
Heinrich-Harrer-Museum (Seen) 81
Hermagor 110
Herzogsburg (St. Veit) 73
Herzogstuhl 52; D4
Hochosterwitz 78; E4
Hohe Tauern (Tip) 9, **66**; A2/B2
Hotel 16
Hotel Karnerhof (Egg, Tip) 17; D4
Hüttenberg-Knappenberg 80; E3

J
Jauntal 8

K
Kanusport 32
Karnburg 52; D4
Kärntner Fjord 109
Kärntner Landesgalerie (Klagenfurt) 46; d3
Kattowitzer Hütte 108
Kinder 27
Klagenfurt 5, **38**; D4
Kleidung 118
Kleindorf 115
Klopeiner See 101; E4/E5
Kloster Gurk 78; D3
Klosterkirche Unsere Liebe Frau (St. Veit) 73
Kölnbreinsperre 108
Koschatmuseum (Klagenfurt) 46; b5/e5
Kötschach-Mauthen 10; A4/B4
Kramergasse (Klagenfurt) 44; c3/d3

Kreditkarten 118
Kreuzbergl (Klagenfurt) 44; a1
Krumpendorf 5
Kunsthandwerk 25
Kurorte 119

L
Ladenöffnungszeiten 24
Ladinger Spitz (Tip) 102; E3/E4
Landesmuseum für Kärnten (Klagenfurt) 46; e4
Landhaus (Klagenfurt) 44; c2/c3
Latschur 111
Leihwagen 15
Lendkanal (Klagenfurt) 44; a3/a4
Lendorf 64; B4
Lesetip 11
Linsendorf 115
Lurnfeld 8

M
Magdalensberg 8, **52**; D4
Malta-Hochalmstraße 108
Maltatal 108
Maria Elend **114**,
Maria Gail 91; C4/D4
Maria Loretto (Tip) 52; D4
Maria Rain 52; D4/E4
Maria Saal 8, **54**; D4
Medizinische Versorgung 119
MERIAN-Heft Kärnten (Lesetip) 11
Metnitztal 5
Mietwagen 15
Millstätter See 64; C4
Minimundus (Klagenfurt) 45; a4
Minimundus 28; D4
Mittagskogel 91; C5/D5

Mölltal **68**, 105; B3
Molzbichl **68**, 111; C4
Motorbootsport 31
Mühlbach 114
Münzkabinett (St. Veit) 75
Museum Teurnia (Holz) 68

N
Naggl 110
Naßfeld 91; C4/C5
Nationalpark Hohe Tauern 105
Neuer Platz (Klagenfurt) 45; d3
Neues Rathaus (Völkermarkt) 97
Nockberge 9
Nockgebiet 66; C 3
Notruf 119
Nötsch 109

O
Öffentliche Verkehrsmittel 15
Öffnungszeiten (Geschäfte) 24
Öffnungszeiten (Restaurants) 21
Öffnungszeiten 119
Osnabrücker Hütte 108
Ossiacher See 92; D4
Ossiacher Stift 91; D4

P
Paddelsport 32
Paragleiten 31
Pasterzengletscher 105
Personalausweis 120
Petzel-Kaserne (Spittal) 58
Pfarrkirche Mariae Verkündigung (Spittal) 58
Pfarrkirche St. Ruprecht (Völkermarkt) 97
Pilz-Lehrschau (Villach) 87
Pilz-Wald-Erlebniswelt

ORTS- UND SACHREGISTER

(Winklern, Tip) 93; C4
Plüsch- und Comicmuseum (Seeboden) 28; C4
Politik 119
Porsche-Automuseum (Gmünd) 64
Post 120
Preisklassen (Hotels) 17
Preisklassen (Restaurants) 21
Pressegger See (Tip) **28**, 109
Puppenmuseum (Einöde) 28; C4
Pyramidenkogel 54; E4

R
Radenthein 68; C4
Radfahren 32
Radwandern **32**, 112
Raften 32
Rathaus (Spittal) 59
Reisedokumente 120
Reisewetter 120
Reiten 32
Relief von Kärnten (Villach) 87
Restaurant Pukelsheim (St. Veit, Tip) 20; D4
Robert-Musil-Museum (Klagenfurt) 47; e5/e6
Römerbad (Bad Kleinkirchheim, Tip) 65; C4
Rosental 8, **92**; D5
Routen 104
Rundfunk 120

S
Saualpe (Tip) 102; E3/E4
Schleierwasserfall 106
Schlösser (St.-Veit) 81; D3/E4
Schloß Porcia (Spittal) **59**, 111
Schloß Straßburg (Tip) 77; D3
Schmiede-Museum (Seen) 81
Seen 67; B3/C4
Seen 80; D3/E4
Segeln 32
Skifahren 33
Sommerrodelbahnen 28
Spittal an der Drau **57**, 111, 112; B4/C4
Sport 29
Sprache 121
St. Johanner Au 115
St. Kathrein-Thermen (Bad Kleinkirchheim, Tip) 65; C4
St. Paul 101; F4
St. Peter in Holz **68**, 111; B4
St. Stefan 109
St. Veit an der Glan 70; D4
Stadtmuseum (St. Veit) 75
Stadtmuseum (Villach) 87
Stadtmuseum Völkermarkt 98
Stadtpfarrkirche (Klagenfurt) 45; c2
Stadtpfarrkirche (St. Veit) 74
Stadtpfarrkirche (Völkermarkt) 98
Strände 29, **33**
Stromspannung 121
Surfen 32

T
Taggenbrunn 81; D4
Tauernautobahn 12
Taxi 15
Techendorf 110
Telefon 121
Tennis 32
Terra Mystica 93; C4
Thörl-Maglern 109
Tiere 25
Touren 104
Trachten 25
Trachtenmode à la carte (Hermagor, Tip) 26; B4
Trekking-Touren in den Nationalpark Hohe Tauern (Tip) 66; A2/B2
Trinkgeld 121

U
Unterkunft 16
Urlaub auf dem Bauernhof 16

V
Velden 5
Verkehrsmuseum (St. Veit) 75
Vierbergelauf (Magdalensberg, Tip) 36; D4
Viktring 54; D4
Villach 5, **82**, 114; C4
Völkermarkt **94**, 112, 115; E4

W
Währung 118
Warmbad Villach 87
Wasserski 32
Wechselkurs 118
Weißensee **109**, 110
Wetter 120
Widmanngasse (Villach) 87
Wildpark Rosegg 28, **93**; D4
Wintersport 33
Wirtschaft 121
Wolfsberg 102; E3
Wörther See 55; D4
Wörther-See-Schiffahrt (Tip) 56

Z
Zeitungen 121
Zoll 121
Zollfeld 8
Zu Fuß 108, 109
Zwergenpark (Gurk) 28; D3

MERIAN *live!*

MERIAN live!
ist auch erhältlich für
folgende Reiseziele:

- Algarve
- Andalusien
- Belgien
- Bretagne
- Costa Brava
- Costa del Sol
- Côte d'Azur
- Dänemark
- Elba
- Englands Süden
- Fuerteventura
- Gardasee
- **Gomera·Hierro· La Palma**
- **Gran Canaria**
- **Harz**
- **Irland**
- **Kärnten**
- **Kanalinseln**
- **Korsika**
- **Kreta**
- **Lanzarote**
- **Madeira·Azoren**
- **Mallorca**
- **Nordseeküste Schleswig-Holstein**
- **Norwegen**
- **Ostfriesland mit Inseln**
- **Ostseeküste Schleswig-Holstein**
- **Peloponnes**
- **Polen**
- **Sachsen**
- **Schottland**
- **Rhodos**
- **Südtirol**
- **Sylt**
- **Teneriffa**
- **Tessin**
- **Toskana**
- **Türkei Westküste**
- **Türkei Südküste**
- **Zypern**

AUFSCHLAGEN UND DA SEIN. DAS IST MERIAN.

Wohin Sie auch reisen, Merian war schon da.
Das Merian-Heft Ihrer Lieblingsregion bekommen Sie
für 14,80 DM überall, wo es gute Bücher gibt.

IMPRESSUM

WICHTIGE INFORMATIONEN

An unsere Leserinnen und Leser:

Wir freuen uns, Ihre Meinung zu diesem Reiseführer zu erfahren. Bitte schreiben Sie uns, wenn Sie Berichtigungen und Ergänzungsvorschläge haben oder wenn Ihnen etwas besonders gut gefällt:

Gräfe und Unzer Verlag
Reiseredaktion
Stichwort: MERIAN live!
Postfach 40 07 09
Isabellastraße 32
80707 München

1. Auflage 1994
© 1994 Gräfe und Unzer Verlag GmbH, München

Alle Rechte vorbehalten. Nachdruck, auch auszugsweise, sowie Verbreitung durch Film, Funk und Fernsehen, durch fotomechanische Wiedergabe, Tonträger und Datenverarbeitungssysteme jeglicher Art, nur mit schriftlicher Genehmigung des Verlages.

Lektorat: Andrea Bubner
Bildredaktion: Martina Gorgas
Kartenredaktion: Dagmar Piontkowski

Gestaltung: Ludwig Kaiser
Umschlagfoto: Udo Haafke: Straudbach in Sittendorf, Rosental
Karten: Kartographie Huber
Produktion: Helmut Giersberg
Satz: Hubert Feldschmied
Druck und Bindung: Stürtz AG
ISBN 3–7742–0324–5

Fotos:
R. Gorgas 118
U. Haafke 2, 9, 10, 29, 30, 39, 46, 64, 69, 79, 101, 104, 109, 110, 113, 117
H. Hartmann 5, 12, 27, 32,
M. Liebermann 4, 6/7, 14, 16, 18, 21, 23 ,24, 34, 37, 42/43, 45, 48, 49, 53, 54, 55, 57, 59, 62, 63, 67, 71, 73, 78, 80, 83, 86, 88, 91, 92, 95, 96, 103, 107,

Dieses Buch wurde auf chlorfreiem Papier gedruckt